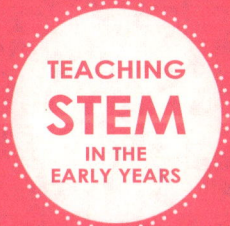

TEACHING STEM IN PRESCHOOL CLASSROOM:
EXPLORING BIG IDEAS WITH 3- TO 5-YEAR-OLDS

ALISSA A. LANGE
KIMBERLY BRENNEMAN
HAGIT MANO

早期儿童STEM教育丛书

幼儿园STEM教育

与3—5岁幼儿一起探索奇思妙想

[美] 阿丽莎·兰格　金伯莉·布伦尼曼
　　　　　哈吉特·马诺　著

吴媛媛　译

南京师范大学出版社

图书在版编目(CIP)数据

幼儿园 STEM 教育：与 3—5 岁幼儿一起探索奇思妙想 / （美）阿丽莎·兰格，（美）金伯莉·布伦尼曼，（美）哈吉特·马诺著；吴媛媛译.—南京：南京师范大学出版社，2022.12

（早期儿童 STEM 教育丛书）

书名原文：Teaching STEM in Preschool Classroom：Exploring Big Ideas with 3-to 5-Year-Olds

ISBN 978-7-5651-5063-0

Ⅰ.①幼… Ⅱ.①阿… ②金… ③哈… ④吴… Ⅲ.①科学知识－教学研究－学前教育 Ⅳ.①G613.3

中国版本图书馆 CIP 数据核字（2022）第 221565 号

The translation is an authorized translation of the Work originally published in English in Year 2019 by Teachers College Press, under the title "Teaching STEM in the Preschool Classroom：Exploring Big Ideas with 3-to 5-Year-Olds" by Alissa A. lange, Kimberly Brenneman, Hagit Mano
© 2019 by Teachers College, Columbia University

First published by Teachers College Press, Teachers College, Columbia University, New York, New York USA.

All rights reserved. Chinese Simplified language edition published by NANJING NORMAL UNIVERSITY PRESS Copyright © 2022.

本书简体中文版权由南京师范大学出版社在中国大陆地区出版发行。

著作权登记号 图字：10-2019-638

丛 书 名	早期儿童 STEM 教育丛书
书　　名	幼儿园 STEM 教育——与 3—5 岁幼儿一起探索奇思妙想
作　　者	［美］阿丽莎·兰格　金伯莉·布伦尼曼　哈吉特·马诺
译　　者	吴媛媛
丛书策划	张　莉　张泽芳
责任编辑	魏　丽
出版发行	南京师范大学出版社
地　　址	江苏省南京市玄武区后宰门西村 9 号（邮编：210016）
电　　话	（025）83598919（总编办）　83598412（营销部）　83598312（邮购部）
网　　址	http：//press.njnu.edu.cn
电子信箱	nspzbb@njnu.edu.cn
照　　排	南京开卷文化传媒有限公司
印　　刷	南京迅驰彩色印刷有限公司
开　　本	787 毫米×960 毫米　1/16
印　　张	9.75
字　　数	148 千
版　　次	2022 年 12 月第 1 版　2022 年 12 月第 1 次印刷
书　　号	ISBN 978-7-5651-5063-0
定　　价	45.00 元
出 版 人	张志刚

序言

我第一次见到金伯莉·布伦尼曼（Kimberly Brenneman）是在 2010 年。但我并没有与她结识。作为北爱荷华大学幼儿发展教育评议中心的主任，我刚刚创办幼儿科学、技术、工程和数学教育中心（CEESTEM）。那时候，幼儿科学教育领域还非常小。我曾经是国家科学基金会资助的"坡道与通道"项目首席研究员，正值这个项目圆满完成之际，我也在寻求可以推动幼儿科学教育这一小众而新兴的事业进行整合的方法，以便构建网络合作并制定战略。

在波士顿教育发展中心，我与一些从事幼儿科学领域工作的人们进行了长时间交流（谢谢你，凯伦·沃什［Karen Worth］），这直接引发我产生了举办一个小型幼儿科学工作会议的念头。当时，《学前教育的科学之路》（*Preschool Pathways to Science*，Gelman，Brenneman，Macdonald & Roman，2010）刚刚出版，由于我对这本书极为赞赏，因此想邀请该书作者中的一位参会。罗谢尔·盖特曼（Rochel Gelman）无法参会，但她建议我邀请金伯莉·布伦尼曼参加。就这样，我开启了一段非常珍贵的职业关系和友谊之旅。

幼儿教育与发展中的科学（SEED）会议衍生出一些超出论文撰写以外的积极成果（ecrp.uiuc.edu/beyond/seed/index.html）。一组与会者成功说服全美科学教师委员会（NSTA）撰写了一份立场声明（参见 static.nsta.org/pdfs/positionstatement_earlychildhood.pdf），全美幼儿教育协会（NAEYC）签署认可此声明。这些与会者参加 NSTA，促使在 NSTA 会议上涌现出许多有关幼儿科学的对话，并共同致力于在其期刊《科学与儿童》（*Science and*

Children）中为幼儿谋得一席之地。一组 SEED 会议与会者在 NAEYC 举办了幼儿科学兴趣论坛，事实证明，这次论坛为教师和其他教育工作者相互了解并支持各自的工作提供了绝佳的平台。SEED 会议似乎催化出一次对持续兴盛至今的幼儿 STEM 的新关注。

这些年来，我读了很多很好的幼儿科学教育书籍。在我看来，这是最好的一本。很显然，作者阿丽莎·兰格（Alissa Lange）、金伯莉·布伦尼曼（Kimberly Brenneman）和哈吉特·马诺（Hagit Mano）都热切地关心着幼儿，她们在尊重幼儿能力的基础上与 STEM 内容发生融通，并认识到幼儿能够做到的事情远比他们自己所得到认可的要多得多。在作者们看来，"幼儿能够，也值得拥有机会去思考、讨论、阅读和开展 STEM！"（p.004）这本书描绘了一幅丰富的画卷，在这幅画卷里，囊括了所有的幼儿参与真实的、有意义的、精确的科学、技术、工程和数学等伟大想法的方法。作者们希望人们能够正确理解它。为了使幼儿园的老师们能够参与到真正的 STEM 实践中，她们采用描述性语言，从理论和实践两方面列出基本原理；她们运用与儿童兴趣、能力和发展相结合的方式，详尽地描述出 STEM 教育的策略；她们为利用儿童的兴趣并将其转变为深刻的、有意义的 STEM 研究而展示出如此多想法的创造性，简直是才华横溢。我切实被众多想法中支持儿童参与工程的那一个所震撼。她们写道"失败即新的成功"（P.092），并强调接纳失败、讨论失败，从失败中吸取经验教训的重要性。在我看来，这些内容正是工程师们在设计过程中所做的，也是我们没有做出正确决策时儿童在做的。我们把这种工作称为"试误试验"，我只是在这坡道上工作的一分子，但"失败即新的成功"听起来还是不错的。

在第一部分，作者们列出了他们关于该书的目标，即赋予教师们拥有：（1）能够为学前儿童提供真实的 STEM 经验的充足**知识和技能**；（2）**了解儿童对 STEM 的想法是如何发展的**；（3）能够支持所有儿童 STEM 学习经验所需的**教育策略**；（4）为使 STEM 教育能够有效实施的**自信心**；（5）为儿童以身示范地对待 STEM 的**积极态度和性情**。（P.005）在我看来，她们已经成功超越了任何其他类似的努力。如果认真地对待，这本书有可能会为学前

STEM教育带来变革。我们需要那样的变革。

当里塔·狄福瑞（Rheta DeVries）和我在2006年得到来自NSF（美国国家科学协会）"坡道与通道"项目的经费支持时，我的反应之一就是惊讶。这意味着我们已经成功说服了一大批严肃的科学家来支持这样一个项目，即可以从幼儿将弹珠沿着积木建筑物中心的斜面滚动的实践中研究科学和工程。12年后，我们便可以轻松而成功地使资助者信服早期科学和STEM教育的重要性。大家似乎都明白了，令人钦佩的委员会公布的有影响力的报告已经指出早期STEM教育的势在必行。与教育中的任何热门新话题一起，早期STEM教育也已经涌现出大量关于其怎样开展的书。这是其中最好的书之一。读者们尽可亲自阅读体验。

——贝罗瓦大学早期发展教育校董事会中心前主任、幼儿教育协调员、课程与教学副教授　贝蒂·赞

参考文献：

Gelman, R., Brenneman, K., Macdonald, G., & Román, M. (2010). *Preschool pathways to science (PrePS): Facilitating scientific ways of thinking, talking, doing, and understanding*. Baltimore, MD: Brookes Publishing.

致　谢

这本书是站在巨人的肩膀上完成的。我们感谢那些绝妙的资源、人、研究和实践，以及浮现在这宇宙中的与早期儿童 STEM 教育相关的奇思妙想。

我们感谢美国国家科学协会（NSF）对相关项目提供的资助。本书中呈现的一些工作是因得到 NSF 的认可才能完成的（DRL-10195761 & DRL-1417040/DRL-1726082）。但本书中所表达的任何观点、发现以及结论或建议仅代表作者自己，而不意味着是对国家科学基金会观点的反映。

我们诚挚地感谢所有这些年来与我们合作的教育者和管理者们，特别是在朗布兰奇市帕塞伊克伊丽莎白公立学校及新泽西联盟城市中工作的那些教育者和管理者们。我们也要感谢那些在 SciMath-DLL 项目中奉献出专长的同事和伙伴们，他们包括朱迪·贝温（Judy Beavers）、道格·克莱门特（Doug Clements）、西巴·艾莫斯莫尼（Hebbah El-Moslimany）、亚历克斯·菲格拉斯·丹尼尔（Alex Figueras-Daniel）、艾伦·弗雷德（Ellen Frede）、玛格丽特·弗里德森（Margaret Freedson）、达里尔·格林菲尔德（Daryl Greenfield）、珍妮弗·雅各布斯（Jennifer Jacobs）、光熙·荣格（Kwanghee Jung）、伊琳娜·南菲德（Irena Nayfeld）、乔伊·奎恩（Jorie Quinn）和朱蒂·斯蒂文森·加西亚（Judi Stevenson-García）。SciMath-DLL 项目是在国家早期教育研究所（NIEER；www.nieer.org）中开始并获得实质性进展的。

我们想给莉里娅·西莎（Liria Cesar）、凯西·莫丽娜（Kathy Molina）、查林·瓦尔德兹（Charlyn Valdez）及所有那些来自新泽西州帕塞伊克的出色的教育者们,还有来自田纳西州儿童研究中心的林恩·罗迪恩(Lynn Lodien)、凯西·布伦(Kathy Bullen)致以特别的感谢,他们欢迎我们进入到他们的课堂中,与我们一起分享他们的教学经验,并且允许我们通过本书与作为读者的你们分享他们的经验。同样我们还要感谢阿什利·列维斯·蒲瑞莎(Ashley Lewis-Presser),她为本书各章节内容提供了反馈和建议。

此外,我们还想对在本书写作过程中给予我们支持的家人们致以谢意。

CONTENTS 目 录

序言 ··· 001
致谢 ··· 001

第一部分 引言与背景

第一章 STEM是什么以及为什么要在幼儿园开展STEM教育 ············ 002
一、为什么要写作这本书 ·· 003
二、STEM是什么 ··· 005
三、STEM的标准是什么 ·· 007
四、为什么要在幼儿园开展STEM教育 ··························· 008
五、为什么要为差异化提供特别支持 ······························ 010
六、本书可以怎样帮助我们改进教学 ······························ 011
七、总结 ·· 012

第二章 教学策略 ··· 014
一、概述 ·· 015
二、对我们STEM教育经验的反思 ································· 017
三、学前STEM教学策略 ·· 019
四、发生了什么——来自教室里的报告 ··························· 034
五、总结 ·· 035

第二部分　STEM 教育

第三章　科学 …… 038

　　一、学前科学是什么 …… 040

　　二、学前科学的内容是什么 …… 040

　　三、科学探究和科学实践是什么 …… 042

　　四、支持科学学习者的奇思妙想 …… 044

　　五、试试看 …… 048

　　六、实践聚焦 …… 054

　　七、延伸探索 …… 055

　　八、带回家……再带回来 …… 056

第四章　技术 …… 062

　　一、我们该如何定义技术 …… 064

　　二、进步的技术 …… 065

　　三、支持技术学习者的奇思妙想 …… 065

　　四、试试看 …… 068

　　五、实践聚焦 …… 076

　　六、延伸探索 …… 080

　　七、带回家……再带回来 …… 081

第五章　工程 …… 085

　　一、学前工程是什么 …… 086

　　二、工程的内容是什么 …… 086

　　三、工程设计过程是什么 …… 090

　　四、支持工程学习者的奇思妙想 …… 092

五、试试看 ……………………………………… 095
　　六、实践聚焦 ……………………………………… 102
　　七、延伸探索 ……………………………………… 104
　　八、带回家……再带回来 ……………………… 104

第六章　数学 ……………………………………… 108
　　一、学前数学是什么 ……………………………… 109
　　二、数学的内容是什么 …………………………… 111
　　三、数学过程是什么 ……………………………… 113
　　四、幼儿的数学是怎样发展的 …………………… 115
　　五、支持数学学习者的奇思妙想 ………………… 116
　　六、试试看 ……………………………………… 123
　　七、实践聚焦 ……………………………………… 129
　　八、延伸探索 ……………………………………… 131
　　九、带回家……再带回来 ……………………… 131

附录：促进幼儿园不同区域之间STEM学习的案例材料 …… 135
参考文献 ……………………………………………… 139
作者简介 ……………………………………………… 143

第一部分
引言与背景

第一章

STEM是什么以及为什么要在幼儿园开展STEM教育

　　在报告单出来的那天晚上,我与一位家长一起就这份报告单进行了交流,依据高瞻儿童观察记录评估的结果,她孩子的科学技能已经取得了进步。母亲的反应是:"我知道了。"而她孩子的反应却是:"我喜欢科学!"这种交流在我过去十年的学前教育生涯中从未发生过。在我开始参与这项研究以前,我从未想过会这样。我开始慢慢克服因科学或数学上的未知而带来的恐惧感,我要感谢这项研究。

——参与STEM职业发展项目的教师

一、为什么要写作这本书

几乎可以肯定的是,你听到别人说过——甚至你自己还曾说过——"我就不是一块学数学的料"或"科学太难了",但你很少会听到小孩子这样说。幼儿更愿意表达出与此相反的情绪!年幼的孩子们会自然地对存在于自己身边的数学和科学感兴趣。他们会数自己有多少块饼干,他们会在教室里寻找各种各样的图案,他们还会好奇为什么一株向日葵会长那么高。他们拥有强烈的探索欲,这在我(阿丽莎·兰格)两岁儿子的身上得到了很好的诠释,当他又一次把水倒进他的晚餐中后,他会激动地宣告:"妈妈,我**需要**去这样做。"

孩子们总是被教导着去相信科学、技术、工程和数学(STEM)是很难的,他们学不好这些(或者认为这些都是男孩子学的)。我们中有两个人(阿丽莎·兰格和金伯莉·布伦尼曼)在上学期间不喜欢数学。就成绩而言,虽然我们都是足够优秀的学生,但在我们看来,数学似乎仅是一大堆需要被记住和应用的公式。直到我们开始与幼儿及其老师们一起合作,看见非常年幼的孩子能够运用多种方法展开数学上的思考,且有非常棒的教学为这些想法给予支持。我们中有一个人(阿丽莎·兰格)曾从事一项学前数学课程、**积木建构**以及相关专业发展模式的评估工作,这引发她对数学产生浓厚兴趣。那项研究表明,与其他幼儿教师相比,那些运用**积木建构**课程及其相关教学实践的幼儿教师能使幼儿更好地学习数学,并且这些幼儿还表现出更强的语言技能!(参阅下文"为什么要在幼儿园开展 STEM 教育",后面还有更多体现早期 STEM 教育效能的内容)当以一种符合儿童发展和让其感兴趣的方法进行教育时,这段经历正好凸显出数学能为幼儿带来多么**深远**的意义,以及数学对幼儿而言是多么的触手可及。

如果他们能够以自己的方式探索,并得遇一位心思缜密的教师的帮助,科学、技术和工程同样也能够被孩子们喜欢。观察他们尝试怎样让一座用积木搭得很高的塔保持平衡、探索蚯蚓是怎样蠕动和钻洞的,或者试验他们的晚餐是否会变湿（又一次），又或者看妈妈会不会（又一次）建议他们用其他东西代替接着试验。邀请他们帮你解决一个难题：假如我们把水洒出来了，但又没有多余的纸巾，该怎么办？我们可以用什么东西代替（纸巾）？哪些材料可以很好地吸收液体，哪些不能？我们该怎样辨别？（如图1.1）

图 1.1　尝试用羊皮纸吸地上的水

　　幼儿能够，也值得拥有机会去**思考、讨论、阅读和开展 STEM**。STEM 探究能够支持批判性和逻辑性思考、问题解决及读写能力的发展。教室里的探索能够建立起幼儿已有兴趣、思考和行为之间的联系——也许是非正式地或非形式地——从早期开始。当与我们合作的一位教师引入青蛙主题时，孩子们都沉浸于这位教师提供的图书馆书籍中关于青蛙、蝌蚪及其生存期的内容中。他们仔细阅读书中的照片，想知道青蛙是怎样到盥洗室的，它们是否会喝水，是否会睡觉，那些小小的白色的"泡泡"（卵）是什么，等等。

　　为了培养并进一步发展幼儿对 STEM 的自然兴趣，有时候成人需要重新回顾（或克服）他们自己与 STEM 的关系。如果我们认为 STEM 是真的很难的、枯燥的，那我们怎么能够使幼儿理解 STEM 是可行的且充满乐趣的呢？教师(和家庭)需要获得支持来建立起他们自己对STEM的信心、知识和能力,这样他们才能反过来支持幼儿并让他们对自己的知识和能力拥有信心。(参阅第二章获得更多信息)

另外一个挑战即教育者要面对幼儿的不同经验水平、理解力和技能。当教师想要帮助所有幼儿达到他们自己的全部潜能时,语言差异也同样能够表现出挑战和机会。为幼儿提供丰富的、精确的、令人兴奋的STEM经验,对处于不同发展阶段的幼儿而言是有益的。(参阅下文"为什么要在幼儿园开展STEM教育")

由于我们的文化正在不断地向技术集中,所以我们需要支持我们的孩子成为一代新人,成为善于思考的人、建设者、科学家、数学家以及懂STEM的公民。教师们正在寻找这样做的策略。本书旨在赋予教育者和未来教育者以其所需的、将更多的STEM带入学前教室中的、使他们**满意的知识和技能**,核心的STEM观念是如何在幼儿身上获得发展的**意识**,以及吸引和支持每一位STEM学习者的**策略**等。我们同样希望培养教育者的**自信心**,这样他们能够吸引幼儿参与到有意义的STEM学习过程中,并能够支持趋向于STEM的**积极态度和性情**,为幼儿树立起典范。我们希望读者们能够像STEM教师们一样被赋予足够多的能力,正如这位参与到一个STEM职业发展项目的教育者所描述的:

> 我认为我更多地考虑了课程的预备步骤(作为参加一个科学和数学职业学习机会的结果)。在继续之前,我会做更多的检查以了解情况,并试图在每节课达到更简单的目标……将每个小目标分成更小的步骤。

二、STEM是什么

STEM代表的是科学、技术、工程和数学。这些领域已经被融为一体,因为它们之间相互联结得非常密切。(METS和SMET这种拼写方式用了一段时间后,这个领域已经找到了会持久使用下去的首字母缩略方式)科学是对自然世界的研究,主要内容包括生命、物理、地球和空间科学。科学囊括一个关于自然世界的现有知识体系,以及对用以获得和建立这一知识体系所需的科学实践的理解。第三章描述了科学探究过程中所应用的科学实践,科学对幼儿而言为何如此重要?在幼儿园开展科学教育时最好的实践方式是什么?在幼儿所处的特定年龄阶段有哪些科学概念和过程可供探究?

技术既包括诸如笔记本电脑、智能手机之类的数字载体,也包括任何可以使工作变得更为轻松的人造物(如一把勺子或一支铅笔)。技术是通过工程设计过程而被创造的,它可以被用来探索自然现象(例如,用风向标来测量风)。第四章更详细地描述了技术在幼儿园活动中的细节。

工程涉及运用科学、数学和技术来解决一个问题。工程确认出一个问题,想出一种解决办法,测试这种解决办法(制作原型)的可能性,必要时改进解决办法。第五章描述了工程设计过程并概述出幼儿园教师是如何让幼儿参与到工程探索中来的。

思考数学的方式之一就是将其作为一种用以量化世界的规则系统。数学经常被用来理解并分析科学现象(例如,测量——用积木测量一辆玩具车从坡上滑下后行驶的距离;如图1.2)。第六章详述了数学概念与内容,描述了关键数学想法在幼儿身上是如何发展的,并勾勒出教室内高质量的数学活动。

虽然我们选择重点关注对幼儿独特而有效的每一种STEM学科的方法,但我们也鼓励并珍视STEM不同学科之间的联结,以及STEM与其他诸如艺术、文学之间的联结。在四个特定内容的章节中,我们说明了这些学科相互联结的方式、核心概念、实践及部署情况的共享等。我们提供了运用艺术去强化STEM学习和STEM实践的案例,我们也将读写能力贯穿始终,如将经典儿童书籍与STEM关联起来。这种互联性是不可否认的,既能够丰富我们的世界,也能够丰富幼儿对它的理解。

图 1.2 用积木测量小汽车行驶路径

三、STEM 的标准是什么

现在,我有了更强大的(STEM)信息和活动基础来使我一天的工作被安排得井井有条。我的科学区和实践都很薄弱,但现在已经完全改进。我看见孩子们比以前更加沉浸在这一领域中。同样的改进也发生在我的数学区里。

——参与 STEM 职业发展项目的教师

有许多的指南、标准、框架、声明以及学习目标清单等,勾勒出幼儿于幼儿园毕业时在不同发展和学习领域应该知道和能够做的内容。数学和科学往往会被包含于其中，但技术和工程通常不会是学习标准的重点。这其中就有一些（包括声明）是关于早期学习和教育标准的（如，《新泽西州学前教育与学习指南》），其他国家标准，如《儿童发展与早期学习开端计划框架》及其立场声明以及 STEM 教育职业组织的一些声明等（如全美幼教协会［NAEYC］、全美数学教师委员会［NCTM］"2010 年关于早期儿童数学的联合声明"，全美科学教师委员会［NSTA］"2014 年关于早期儿童科学的声明"）。

从幼儿园开始的 STEM 学习指南——《下一代科学教育标准》（NGSS），里面包括工程领域学习的指南；《州共同核心标准》，可让学前教师了解所教幼儿在 STEM 学习中的发展程度，或有些幼儿可能已经达到的程度。虽然我们的 STEM 教育和学习方法是依据很多资源提炼出来的，但我们的主要目标不是对所有这些细数一番流水账，而是与当前和未来的教育者一起探索 STEM 教育和学习，以便他们能够更好地理解那些可以获得的众多资源。我们希望这本书能够指导那些在特定教育背景和环境中工作的教师找到正确方向，并思考如何在自己所属学区或早教中心已有的基础上为年幼的 STEM 学习者提供支持。

四、为什么要在幼儿园开展 STEM 教育

早期 STEM 教育改变了幼儿的生活。研究表明，在学前期学习丰富的 STEM 内容，对后期的学业成就至关重要——不仅体现在 STEM 领域，还体现在其他领域。（Early Childhood STEM Working Group，2017；McClure et al.，2017）

1. 数学问题

研究表明，幼儿在后续的初等教育阶段（Duncan et al.，2007）和高中教

育阶段(Watts, Duncan, Siegler, & Davis-Kean, 2014)数学及阅读是否学得好,与他们学前阶段的数学知识与能力发展程度有关。高水平的数学教学也可以发展幼儿的执行力(Clements, Sarama, & Germeroth, 2016),这些技能关系计划制订、注意力集中和心理任务间转换等。与成人的先入为主相比,幼儿有能力做更多的、更令人惊奇的数学思考。对于幼儿是如何发展数学能力和理解能力的,教师是如何有效地促进幼儿学习的,我们都很了解(California Department of Education, 2011; Clements & Sarama, 2014; NAEYC and NCTM, 2010)。教育者可以利用这些信息来帮助幼儿为未来学习打下坚实的基础。

2. 科学问题

早期科学问题也同样如此!幼儿在幼儿园期间对自己周围世界的认知,与他们后续包括阅读和数学在内的其他领域的发展有关(Grissmer, Grimm, Aiyer, Murrah, & Steele, 2010),幼儿早期掌握的科学知识与他们在中学获得的科学成就呈正相关(Morgan, Farkas, Hillemeier, & Maczuga, 2016)。科学也与执行力有关。拥有高执行力的幼儿在幼儿园期间也能学到更多的科学知识。(Nayfeld, Fuccillo, & Greenfield, 2013)幼儿的科学知识与其积极的学习方式(如坚持、专注、合作)似乎存在一种双向关系。一个领域的成功与另一个领域的成功相关联。(Bustamante, White, & Greenfield, 2018)有新的研究表明,与只会单语的幼儿相比,进行双语学习的学前儿童,或者双语学习者(DLLs[①])可能拥有更高的执行力。因此,科学能够成为一种特别适宜的工具,通过这种工具可为双语学习者提供教和学。(White & Greenfield, 2017)

[①] 双语学习者(DLLs)即"同时学习两种(或更多种)语言的儿童,以及那些学习一种第一语言(或母语)的同时,又学习第二语言的那些儿童"(National Academies of Sciences, Engineering, and Medicine, 2017)。

3. 工程问题

尽管学龄前的学习标准通常不包括独立的工程和技术（马萨诸塞州至少为此提供了一个例外），我们期待随着《下一代科学教育标准》的颁布及其对工程和技术的容纳，这些会被更多地包含进标准和正在推进的研究之中。鉴于在学校和生活众多领域里"灵活思考"和"创造性解决问题"的重要性，为幼儿提供一种合作解决问题的机会和让他们去设计解决方案，如同在 STEM 中获得的成就一样，对促进幼儿早期工程经验、发展（如毅力、合作力等）综合能力，是个不错的选择。这些领域最新的研究结果表明，学前儿童能够参与到工程设计过程之中（Bagiati & Evangelou，2016）。我们可以利用各类资源来探索幼儿园不同形式的工程（Hill et al.，2016），并支持教师与幼儿一起参与到工程探索中。（见第五章）

五、为什么要为差异化提供特别支持

> 在今年的最后一次观察中，我被我的一个学生惊讶到了。他使用丰富词汇的能力以及展示出的一种对生命系统中非常晦涩概念的真正理解令我震惊。这个孩子出生于一个从未讲过英语的家庭，但他已经参与到一个不仅有着丰富的科学词汇的、用英语发起的一场对话游戏活动中长达半个小时，而且在这个游戏活动中他运用了英语疑问词、语法和句子结构。
>
> ——参与 STEM 职业发展项目的教师

我们可以为所有的学习者提供高质量的早期 STEM 指导。我们有很多好的实践经验，可以用于教育处于不同理解或语言发展水平的幼儿，也可以为普遍开展 STEM 教育提供参考（例如，一般来说，手把手地提供科学领域的经验是一种良好做法，特别是对于双语学习者而言）。另外，与建构英语和母语知识一样建构 STEM 内容是有特定策略的，例如用母语阅读 STEM 内

图 1.3 阅读一本能提高测量技能的英语版和西班牙语版书籍

容的书籍（如图 1.3）。随着双语学习者的人数逐步增加（National Academies of Sciences，Engineering，and Medicine，2017），我们需要确保这些幼儿拥有使他们取得与单语同伴一样成就的学习机会。同时，年龄更小的幼儿或者那些对数学或科学没有兴趣的幼儿可以从关注作为一种区分指导的学习轨迹中受益。面对一个刚入早期教育机构的3岁幼儿和一个准备上幼儿园的5岁幼儿，我们该如何采用一种动觉模式活动（如一个人使用拍手和跺脚）？贯穿于本书的每一章，我们将重点介绍如何对幼儿的STEM学习提供有区别的支持。

六、本书可以怎样帮助我们改进教学

我发现我在课堂上开展了更多的数学和科学活动。我认为我已经拓展了关于什么活动适合我的学生们的想法。在教数学和科学时，我感到更加舒适，我也尽力在我上的每一堂课上运用正确的表达方式和语言。这给我的课堂带来很大启发，让我知道了将复杂想法分解成更小、更容易、更适合学前儿童的途径。

——参与 STEM 职业发展项目的教师

如上所述，很多学前教师喜欢开展 STEM 教育，但他们常常感到不能很好地胜任它。本书将为大家提供 STEM 内容和幼儿发展的背景性知识、拓展学习经验的详尽案例和可供进一步探索的资源等。在关于 STEM 的每一章中（第三—六章），大家会从特定学科领域教师提供的真实案例中找到背景信息、活动描述和实践聚焦。每一章只通过案例阐述一个学科领域，而不是涵盖每个学科的所有内容。教师可以在实践中即时运用活动创意，但我们还是希望这些活动案例能够成为大家为 STEM 内容制订新的活动计划的指引。通观所有章节，大家会发现醒目的实例文本框，包括"超级策略""动态区分""不可不知"（相应章节中的关键想法或概念）及"创造性联系"（STEM 不同学科领域之间及其与其他学科领域之间）。每一章的结尾都有一个"思考"部分，包括能够拓展学习范围的、超出该章内容的问题和活动。

七、总结

学前儿童会自然而自动地参与到 STEM 学习中。他们是自己世界里的抱有好奇心的探索者。他们理应在自己的早期教育教室和其他学习环境中拥有探索科学、技术、工程和数学的机会。教育者（与家庭）不但能够提供这些机会，甚至还会发现自己也逐渐成为 STEM 的热衷者，这是他们所不曾想过的。当幼儿与成人围绕涉及手脑并用的 STEM 内容共同创造出语言丰富的交流时，这些成人与幼儿一起分享自己的探索和创造热情，幼儿将从这种与满怀关爱的成人的互动中受益匪浅。在这样一种教室或家庭中，人们也许会将热情转移到将水倒在餐盘中，开展合作性的与食物相关的 STEM 探索。例如，烤香蕉面包需要物理科学（混合、改变和转化、物质性质），数学（体积测量、计算），读写能力（如，"我们使用一份食谱吧！"），语言（如，"我们已经有足够的香蕉了吗？""你是怎么知道的？"），等等。

我们希望作为职前教师或实习教师的你们能够阅读这本书，试验新的STEM活动和教学策略，这样不仅会使你们拥有更丰富的STEM学习经验，而且能够让幼儿花更多的时间去探索、思考和讨论他们的发现。我们希望你们能够找到一个在幼儿眼前敞开着的学习的新世界——也许是你们自己的。

第二章
教学策略

  我们必须探索并试验被提供的材料……与我们的小组成员一起设计一辆能够在风力(风扇)作用下跑动的小汽车。我们全身心地投入到创想之中，很快就判定出什么是有效的，什么是无效的。对于我们(教师)而言，仅为我们如何利用特定材料制作出一辆小汽车提供指导是很简单的，但我们却不得不开动脑筋自己试验。我知道，作为一名成人，我对这项活动非常感兴趣。我能够想象到孩子们在做这样的活动时将会有多入迷。

       ——职前教师志愿者反思参加一次学前工程工作坊的经历

一、概述

学前儿童对STEM学习乐在其中,教师应给予他们相应的学习和实践的机会。(如,三角形的属性是什么?植物生存需要什么条件?一条一条地数出一个三角形相对应的边;观察、比较、提问关于植物种子的问题,将一颗种子种在密不见光的橱柜里,一颗种子种在窗台上;等等。)STEM经验既支持幼儿思考习惯的发展——例如坚持不懈、充满好奇心、从"失败"中学习,保持良好的成长心态——这是成为终身学习者所不可或缺的。已有研究告诉我们,幼儿对作为STEM学习者和对谁能做好STEM的自我态度很早就形成了——至少在小学低年级的时候。幼儿园提供了一个机会,然后通过帮助幼儿在STEM中获得成功(如,"我能算出来!"),以此来增强他们的自信心;同时也帮助他们掌握有关STEM的具有包容性的信念,诸如每个人都能做到、享受于其中和获得成功。如,女孩和男孩都能够玩积木,来自所有不同文化背景的幼儿都可能成为科学家等。

我们不仅相信这是可能的,而且作为教育者——我们有责任为幼儿提供这些学习机会。我们要相信来自不同语言和文化背景的幼儿能够理解和珍视STEM及其在我们日常生活中的作用,我们要使他们渴望成为专业的STEM下一代。然而,在成人能够支持幼儿发展和维持积极态度之前,很多人也许**需要自己先树立起这些积极态度**。很多成人有STEM教育的受挫经历——例如,感觉自己不擅长科学和数学,或者认为这些科目只适合天才而不适合所有人。

这在很大程度上要归咎于我们成人所接受的科学和数学教学方式。我们想要为下一代幼儿做点不一样的事情。如果我们因为担心弄不明白"为什么一颗葡萄会沉在水底而一颗柚子会漂浮在水面"而逃避探索"沉和浮"的问题,我们将错过为幼儿培养好奇心和一种"我能找到答案"的态度的机会。如果我们害怕去触碰一条蚯蚓,幼儿会想要去触碰它吗?(好吧,他们会的。我们曾见过一些喜欢展示自己"勇敢"的幼儿。也就是说,如果你们确实、确实不能忍受令人毛骨悚然的东西,那么就尽力去找到另一位能够与幼儿分享这些经验的成人。)愿意与幼儿一同冒险很重要,这样他们才会理解"不知道一个问题的答案"是学习的正常组成部分。我们需要通过尝试新的事物来学会新的东西!(如图2.1)

研究同样表明,成人的信念和态度将影响幼儿的信念和态度。正如《早期STEM问题》报告(Early Childhood STEM Working Group,2017)中所述:"围绕成人和儿童(特别是那些在STEM事业中传统上未被充分代表的小群体,诸如妇女和少数民族)学习和开展STEM活动的能力,建立自我效能以改变这些态度和信仰是十分重要的。"(见P.005)

为了帮助幼儿增强对STEM的积极态度,我们探讨能使我们自己在STEM教育中获得知识、信心和耐心的策略,然后我们转而探索在教室中能

图2.1 学前教师正在观察作为一项STEM职业发展工作坊内容的蚯蚓

够运用的、有助于为所有学习者（包括成人和幼儿）营造浓厚的 STEM 环境和好奇氛围的策略。

二、对我们 STEM 教育经验的反思

你认为自己是一个适合学数学的人，还是一个适合学科学的人？你在读书期间喜欢这些学科吗？也许你随着年级的升高学得越来越好，但却从未真正感觉自己理解了它们；你只是恰好擅长于列出公式和算法而已。（你可以回忆一下很多人都有这样的感受）或者你一旦上完规定的数学和科学课——"让我离开那里！"——就直奔英语和音乐教室。成为学生优秀的 STEM 向导的重要一步就是反思自己与 STEM 的关系。虽然我们经常会听到这样的话：学前教师"害怕"这些科目或者他们"以幼儿为工作对象，因此他们不需要做数学或科学"，但我们知道，态度和信念的范围要大得多，也更细致入微。尽管每个人的关系是独一无二的，我们能够在这里提出一些一般性的主题。继续阅读下去，看看它们中是否有能与你产生共鸣的、存在可供利用积极态度的些许想法，以及改变一些可能对你作为一名教师未产生效果的事情。

1. 焦虑、恐惧、嫌恶

我们中的许多人并没以创造性和动手做的方式学习 STEM，但我们要将这样的方式用在幼儿的学习中。也就是说，我们所记住的就是旧时高中课程的学习方式——了解事实、识记并把它们读写出来；运用这些公式，即使你对其意义一无所知，也不知道它在真实世界中可能存在的目的。我们也有很多人对那种教学方式没有做出过积极性反应。幼儿园的 STEM 教育很好地引入了一种与幼儿一起学习 STEM 的引人入胜的、基于探究的、有目的的方式，潜移默化地带给他们一份你们不曾收到过的礼物——一个伟大的开始——关于 STEM 学习以及对自己作为 STEM 学习者的良好态度的开端。

2. 认为 STEM 对幼儿而言太学术化了

你们是否遇到过这样的人？他们认为小孩子就应该玩儿，任何类似数学或科学的东西对幼儿而言绝对是不合适的，因为那太学术化了！很多人感到 STEM——不管是什么——只适合"年龄更大"的孩子，比如小学生。我们也听到过这样的担忧，但我们再一次确信，这些态度都是基于对学前科学与数学本质的一种过时的观念。另外，不管怎样，幼儿已经在思考和践行 STEM 了。我们成年人可以从他们那里得到启发，去促进和扩展幼儿**每天都在做**的数学、科学、技术和工程。

3. 偏见

试试这个：拿一张普通的纸和笔画一位科学家。不要查阅任何资料，也无须思考太多，直接画。画完之后，花点时间与同学、同事或朋友们比较一下。大家画的科学家长什么样子？是什么性别？穿什么衣服？透过画像可以发现，我们对科学家、数学家或工程师存在哪些偏见？我们都有偏见，尽管我们可能还没有意识到。直面这些，反思具体是什么样的偏见以及它们会有哪些影响，我们就能够改变它们，并找到它们可能影响我们教学的方式。课堂上存在偏见的一个实例就是，在数学课上请男生分享自己想法要多于请女生。许多研究性学习都使用过"画一位科学家"的方法（也有"画一位工程师"或"画一位数学家"的）。研究表明，即使是幼儿也拥有这些偏见，尽管这些偏见不像曾经那么普遍。（Miller，Nolla，Eagly，& Uttal，2018）

4. 自信、迷恋

如果你们对 STEM 有信心并感兴趣，那么这是一个很好的开始。但是，我们在少数教室中见过存在一些潜在的陷阱。当我们知道了很多科学知识或迷恋数学时，就想要与幼儿尽量分享足够多的知识，我们教给幼儿的知识远超过幼儿的可理解范围，或我们将教学进度推进得太快。例如，在数学教学中利用抽认卡并不是适用于这个年龄段幼儿的最佳方式。了解如何对年龄较大的幼儿进行教学，或者更擅长教师主导型教学，也会对教学产生妨碍。但总体而言，处于一种过于迷恋和自信的状态是可怕的！特别是对于那些想要再努力一点才能走到今天这一步的人来说，我们建议现在花一两分钟的时间来想想，当你作为一个对 STEM 非常感兴趣的幼儿时：你有没有曾经光着一只脚踩着厨房地板上的布丁，另一只脚踩着旱冰鞋，对着目瞪口呆的母亲认真地宣称你"只想知道这是一种怎样的感觉"？（我们没有指明具体是哪位作者）你是否在自家后院、动物园或博物馆发现过引发你兴趣的新生物，然后翻遍所有能找到的关于它的书，只为了能够对它有更多了解？你是否曾与朋友一起花上数小时来设计并建造毯子城堡？回忆一下那种感觉。那种因发现、创造性解决问题和不可思议的奇迹而带来的激动，正是我们想要在幼儿身上点燃的感觉。

三、学前 STEM 教学策略

如果你想要转变某些态度或只想学会新的关于 STEM 的方法，我们有一位同事给出了一条智慧的建议，即我们要"在实践中改变看法"。她的意思是，如果你去尝试某些新的参与方式（例如，使用我们在下文中建议的策略），并坚持一段时间，你很有可能会发现，当你允许自己与 STEM"厮混"在一起，并且当你见证了孩子们的想法以及他们兴奋点的不可思议之处时，你的态度就会发生转变。（这是具有感染性的！）一旦你对自己有能力去设计有意义的学习体验充满自信时，你就会发现自己更能够轻易地注意并利用好每天都会出现的支持幼儿作为 STEM 学习者的自发的机会。

1. 一般性建议

深呼吸一下然后投入进去。相信自己能够很自然地将 STEM 带给你的学生们。慢慢来，我们都会犯错，但愿意去尝试，去思考什么是有效的和无效的，并能不断进行尝试，这很关键。（关于这些观点请参阅第五章以获得更多信息——成长型思维模式不仅仅适用于幼儿学习者)待到你让幼儿参与到一节STEM课以后,请思考他们对你提供的东西有何反应。他们表现积极并参与其中了吗？畅所欲言了吗？兴奋地进入小组活动了吗？如果没有,那这是一条很好的线索,提示你需要做出某些改变。是你太具主导性而没有让幼儿处于主导地位？还是你在一次学习体验中试图达成太多目标？抑或是你没有给予幼儿足够的时间去自我探索就开展了更有组织的活动？我们都犯过这样的错误。

我们中有一位清楚地记得自己在一个学前教室中与一位专家型教师、一位高级教师及一位全国公认的幼儿教育专家在一起时的情景。那位教师告诉幼儿,画笔今天找不到了,但她今天为幼儿提供了许多其他的材料去探索并尝试绘画。幼儿拥有大量时间,他们非常兴奋地尝试着用鬃毛块、松果和贝壳作画。我们成人与他们互动交流,试图把那些我们所知的、认为很重要的、高水平的、开放性的问题抛给他们,但孩子们根本不想说话,他们只想画画。我们后来通过观察一段拍摄的视频发现,有一个小女孩避开了我们,因为她想安静地画画。这使我们认识到,是我们的好意和专业知识让我们犯了"错"。然而,密切观察幼儿并进行思考,能够使我们认识到有时候允许幼儿在没有成人干预的情况下占据主导并展开探索是非常重要的,特别是当有新的、富有趣味的材料提供给他们的时候。

与错误建立一种新的关系。很多人都害怕犯错,幼儿也能够感知那种害怕。然而,我们有时候(几乎总是?)能够从错误中而不是正确中学到更多的东西！在幼儿大脑中建立这样一种观念,即犯错误没什么大不了的,永不言弃能使我们变得更强大,这是我们能够送给幼儿的珍贵礼物。我们的一位合作教育者提供了一个关于如何处理不可避免的错误从而将其变为学习经验的完美案例。通过反思,桑德娜(Sandra)认识到她犯了一个错误,她在一个生命科学活动中误导了幼儿。就在那天放学之前,她告诉孩子们,"哎哟,我犯了一个错误。我以为伪装就是所有的动物都会改变它们的颜色,但我错了。错在哪儿了？实际上只有一小部分动物能够像蜥蜴一样改变颜色,而其他动物则通过选择待在与它们拥有同样颜色的环境中来伪装(如蛾子或竹节虫，它们会紧贴在某棵树的树皮上）。"第二天，他们运用正确的伪装概念重复了同样的动物分类游戏。当然，我们最终还是想要获得正确的结论或答案。在STEM学习探索的背景下，我们可以为幼儿提供一种既成的过程性模式，以及如何以富有成效的方式处理不可避免的错误和失败。

放手。放手是指放开保持对活动或活动结果掌控的意向——在幼儿足以控制结果的情况下尽可能地保持开放性。对此，不同的教师或在不同的背景下会有不同的看法，但总体思路是一样的。对很多教师而言，这种策略是有难度的，但对于建构幼儿的思考力和开展STEM活动的能力来说，这也是**最强有力的策略或方法**之一。如，对比两种让幼儿利用坡道和球来解决同一个问题的方法。在A方案中，教师要求幼儿构造出一个装置，让一个球能够滚进一个桶里。在教师为幼儿示范如何搭建起这样的装置以及在哪里放置球后，幼儿自己搭建，然后他们将球滚进搭建好的装置中。

B方案与A方案相反，教师先在教室中央的地上放置了积木、玩具小汽车、一个球、一个桶以及其他材料。然后教师问："我想知道我们可以用这些材料做什么？"幼儿起初盯着教师和材料看，然后，他们意识到自己可以自由说话、合作，甚至提出自己的问题，于是他们开始投入进去。他们开始交谈并分享自己的想法。第一组的幼儿想进行赛车，但那些小汽车老是从坡道上掉下来。有一个幼儿想到办法使汽车固定住，他找到一些小方块积木。第二组幼儿宣称他们想知道自己能否制造某种可以使桶发出声音的东西。这个问题引发出了更多的讨论，他们尝试做出了一些能使球进入桶里并发出如铃声般清亮声音的模型。第三组幼儿想要建构出一种能使球在不撞击墙的情况下就能跑得很远的装置。由于幼儿反复试用他们的材料，这次探索活动延续了好几天。在B方案中，幼儿自主参与到探索、科学和数学实践活动中，他们**正在做着**科学家、工程师和数学家的事情，正如图2.2所示。作为成人，我们也可以尝试放手，让幼儿自己掌控自己的学习。

创设一种相互作用的环境。教室环境会有助于你创建一种更富有STEM学习氛围的文化。幼儿最好的学习是通过在一定氛围中与别人互动获得的。很多学者研究过空间结构如何引发、促进或阻碍那些能够增进学习

图 2.2 利用坡道和其他材料进行探索和设计

交流。瑞吉欧-艾米莉亚教育方法谈到,任何时候教室中都有三位教师存在:教师、幼儿和环境。(Strong-Wilson & Ellis, 2007)在这种方法中,教室环境可以为幼儿学习提供强大支持。一个丰富的、有吸引力的、交流型的 STEM 环境是怎样的呢?创设一个幼儿能调动自己所有感官自由探索的空间,并允许他们直接操作和改变环境,将提升幼儿参与 STEM(如第一章所讨论的)的必要技能和性情。

作为教师,我们控制环境的一种方式就是特别留意于选择"什么材料"来展示、"什么时候"以"什么方式"介绍它们,以及我们"在哪里"展示它们。如,老师们经常讨论哪些材料能够引发幼儿的好奇心。在所创设的环境中放置具有各种属性的(质地、规格、重量和形状)散件及开放性材料可以促进开放式探究。这些材料可以被移动、被组合、被排列、被堆叠、被改造及被拆分。它们没有附带任何教师的指导或说明书,这样,幼儿便可根据自己的无限创想任意借用材料,材料也可以始终被循环使用,并从侧面反映出幼儿的兴趣所在。

与我们合作的一位教师对于她的学生在玩水桌台旁只是简单地玩"将水从一个容器倒到另一个容器"的游戏感到不理解，甚至觉得有点在浪费时间。当我们查看幼儿在玩水桌台旁所能使用的材料时，仅发现一些不同的塑料容器、一个滤网和一个漏斗。通过将塑料容器替换为诸如纸、泡沫、塑料杯子、盘子、海绵、布等，幼儿便创造出了许多不同的观察活动，包括一些关于水是怎样被吸收的观察活动。如果我们的目标是使幼儿去掌握关于水的流动性和定向性的知识，那么我们可以为儿童提供诸如软管、水泵和吸液管等材料（参阅第三章）。在附录里，你们可以找到一些能够用来促进STEM探究的工具和材料的案例。

你们是否曾经用你们感兴趣的材料充实过你们的科学区，诸如装满贝壳、橡子、放大镜和声音震颤器的篮子，但只是发现幼儿**从未**碰过或用过它们？很多教师与我们分享过这些经历。一些幼儿可能需要一个让他们进入陌生区域的理由，另一些幼儿则需要与特定新的或复杂的材料展开互动的动力。有一项研究发现，当教室中科学区有一样被幼儿使用过的工具（如天平）连同其使用办法被"兜售"给整个组的幼儿时，他们明显会更愿意走进科学区并与里面其他材料和工具互动，并使用天平。（Nayfeld, Brenneman, & Gelman, 2011）看来，"尽管幼儿经常对这个世界表现出极大的自然而然的兴趣，并拥有强大的能力去自我学习，他们还是需要成人在其兴趣的基础上给予促进、指导，从而获得充足的早期STEM经验。"（Early Childhood STEM Working Group, 2017）

让家庭参与。（带回家……再带回来。）家庭是幼儿教育的同盟，家长有着丰富的经验和知识可帮助幼儿在教室内外开展STEM学习。现代家庭参与的观点表明，家庭参与应该是合作性的和多方面的。也就是说，家庭参与不仅仅是学校布置"家庭作业"让孩子带回家，而且还包括学校与家庭交流并找到与STEM相关的经验，这些经验是幼儿在家庭或社区拥有的，再进而将那些学习经验带入幼儿园。我们有一位作者（金伯莉·布伦尼曼）参加了波士顿的一个项目，那个项目就是这样做的：邀请家长作为信息提供者，将他们与孩子一起做园艺、烹饪美食、游览城市的经验，以及他们所从事的工作中涉及

STEM专长的内容提供给幼儿园。教师可以将这些经验和相关知识吸收进教室里的活动中，诸如参观社区花园和当地的杂货店，探索不同家庭中不同厨房用具的形式和功能，探索各种交通运输方式（像波士顿这样的城市，交通工具多种多样），邀请一位从事建筑工作的家长来幼儿园与幼儿一起分享他的工具及其用法等。在这些方面，不同家庭的需求也各不相同。这就意味着对STEM来说，有效的家庭参与策略不论是普遍性的还是特定的，也将是多种多样的。更多关于这一主题的内容，可查阅卡斯佩、伍兹和洛伦兹·肯尼迪的相关论述。(Caspe, Woods, & Lorenzo Kennedy, 2018)

一些关于STEM的看法和观点，作为教育者的家长也很认同。他们也具备可以用于支持幼儿STEM学习的知识、态度和技术。家长们对于自己STEM能力的焦虑或不适，我们也需要保持敏感，并注意到文化差异可能会限制某些家庭主动参与孩子教育活动的时间。例如，在某些文化中，家庭会通过不参与孩子的学习来表达自己对教师职业的尊重。因此，与家长谈话的时候，我们无须去"教"他们，只需为他们提供必要的建议，并鼓励他们通过与自己的孩子自然地交流来支持STEM学习。家长们普遍需要能够用来支持幼儿学习的具体的建议、观点和策略。我们提供了很多既可在教室中利用也可在家庭中运用的策略。（参阅下文"具体策略"）

找到一个支持性的团体。加入或建立一个专业性的支持团体，在这里你可以尽情地分享自己的观点、成绩和困难。可以是一两个愿意分享他们经验的教师，或者是一个导师。如果你是一位在职教师，向你的领导或导师提议，考虑组织一个专业的学习团体（professional learning community，PLC）。在我们与学习团体中的教师接触的过程中，我们发现这是一种强有效的学习新方法和应对挑战的方式，即让所有的教师尝试同一堂课（如果可以的话，用视频记录下来），然后讨论哪些是做得好的，哪些是可以改变的。留出时间去与其他教师会面和合作，这能够为你提供分享观点、材料和资源的机会。如果你无法在身边或所在地区找到团体，也可以在网上找到早期STEM团体和早期教育团体。例如由全美幼儿教育协会（NAEYC）在自己网络平台主办的兴趣论坛等，访问网址：www.naeyc.org/science-math-and-technology-interest-forums）。

2. 具体策略

在整本书中,我们将提供增进幼儿STEM学习的具体策略。这里介绍了一些具体策略,后面章节也会重温。(重复并重温就是一种我们所知的可以引导幼儿进行深度学习的重要教学策略,我们在这里当然要运用它!)

准备。你是否担心你对自己和幼儿一起探索的事物背后的数学或科学知识一无所知?(如,为什么一块鹅卵石会沉入水底,而一艘大船却能漂在水面上?)查找真实可信的信息资源(如,小学课本、美国科学教师协会[NSTA]、美国国家航空航天局[NASA]、美国数学教师委员会[NCTM]、全美幼儿教育协会[NAECY]),然后查阅所需知识!你没有必要全知全能,但假如你能多了解一点,你会安心很多,也会更好地帮助幼儿建立正确的知识基础。我们最喜欢的方式之一就是在图书馆(或网上)查找信息性文本(非虚构类书籍)以供年龄稍大的儿童阅读。对我们想要获得正确观点的成人而言,这些信息通常以一种非常有效的方式呈现,对于幼儿而言,也具有年龄适宜性。换句话说,可以直接告诉幼儿你对他们遇到的问题也没有确切的答案,因为这些答案会在你们共同的探索过程中产生。

 不可不知

STEM概念、技能或过程和主题(或"研究单位")之间的区别非常重要。一个主题就是一种用来连接学习经验的想法或话题,而关键科学概念、技能或实践则都是学习经验的目标。例如,一位教师参与到一个关于秋天的学习(或主题)单元或基于项目的学习中。通过收集树叶或烤南瓜派来开展"秋天"的活动是不需要教STEM概念、技能或过程的。秋天可以提供一个丰富多彩的背景,在这个背景下,教师可以教一系列重要的概念。例如,可以通过观察南瓜由种子到腐烂的生命周期,或者通过观察树木和动物行为在准备过冬时所发生的改变来探究改变。还可以通过数种子数量、排列或归类苹果、称量馅饼配料、比较发现南瓜与苹果的异同来获得数学知识。当儿童参与到一个诸如把南瓜放在外面几天后它会发生什么变化的活动中时,他们不仅在学习分解和变化的概念，也能够参与到运用观察、预测、测试、记录和总结的科学实践中。

引导幼儿找到一种方法来弄清楚"我们不知道什么"。当我们对某样事物一无所知时我们会怎样做？我们会怎样找到答案？你也可以这样说来肯定幼儿的好奇心："那是一项非常有意思的观察！但我还想知道为什么会这样！"

另外一种准备就是去思考你可能会问幼儿的问题。我们有时候提出的"为什么"的问题对幼儿而言太难以回答了（甚至对成人来说也难以解答明白）。例如，"为什么小鸭子能够浮在水面上而金属勺子会沉入水底？"要回答这样的"为什么"，就必须描述出密度的概念、水的密度、物体密度等。这些概念对幼儿来说实在是难以理解。相反，"是什么"的问题却可能会引发出丰富多彩的答案，因为它允许幼儿描述自己正在观察的事物，并能让你证实他们的描述并展开讨论。在这种情况下，可以这样提问："那只鸭子是用什么做的？那只勺子是用什么做的？我想知道还有哪些金属制品也会沉到水底？"我们的想法是，我们应该知道，有一些问题是不能直接通过探索、查阅书籍和我们可能提供的超越幼儿理解能力的其他研究性材料而解决的。我们必须预备的一种技能，就是把幼儿的问题换种说法，或者把他们的注意力转移到能够被直接探索和测验的相关问题上。

尽可能多地先试验你的材料和活动。让它充满乐趣！与一小组学生、与自己的孩子或者自己在厨房里尝试物体沉入水底的试验。在你的下沉试验中，可以在水里放入一支铅笔、一把木质的尺子、一块积木和一只纸船，在将其介绍给全班幼儿之前，看看这些物体是下沉还是漂浮。在活动前对你的材料进行彻底检验可以帮你：

- 预见陷阱。（例如，它们都浮起来了，但是你想要的效果是还有某些物体是下沉的——你会调整你的目标或改变材料组成吗？）
- 了解有意思的或令人惊讶的现象，这样你就能够把孩子们的注意力吸引到这些材料上来。（例如，"让我们一起观察一些用塑料制成的物品。

它们有的会浮在水面上,有的会缓慢地下沉,还有的会很快地下沉。")

- 建立联系、提供建议并思考指导性问题。(例如,"假如我们将一把金属制成的尺子放入水中,你们想想会发生什么事情?它会像木质尺子一样浮起来,还是会像其他金属制品一样沉到水底?")
- 建立你的自信心!

仔细考虑创造性材料。随着时间和经验的增长,你会发现五金店、一元商店和厨房都是极好的资源,你无须依靠昂贵的工具箱来有效地开展 STEM 教育。虽然收集材料需要花费很多时间,但是一旦你拥有了它们,很多东西就能在接下来的几年中派上用场。例如,手动榨汁机是一件非常棒的工具,它可以用来探索食物的变化和转变;不透明的袋子或者神秘的盒子也是极好的工具,它们可以一年又一年地用于通过某种感觉探索神秘物体,思考常见物品的结构与功能,或者用来感知几何图形以辨认它们的属性;对于更贵重而使用率不高或占空间的设备,如轻便电炉,可以考虑建立一个材料借用室,以便和同事们分享资源。通过使用日常生活中的常用材料,我们也可以传递出这样的信息,**即 STEM 是我们日常生活的一部分**,而不是某些与日常生活相脱离的东西。有可能的话,根据幼儿的需求开列清单去找材料,比如,到附近散步,或从家里带东西来(如,可以用来提供给正在用废旧水瓶和鸡蛋纸盒创作昆虫模型的项目)。有一个来自教室里的案例:

为了扩展在我们发起的测量工作坊中学到的东西,利瑞纳(Liria)将她的课移到了动物园,并阅读了斯蒂芬·詹金斯(Steve Jenkins)的绘本《实际大小》(*Actual Size*)。然后,幼儿回到教室,讨论动物园中那头小长颈鹿的高度,接着用纸箱和抽纸盒搭建了一只与真实的小长颈鹿一样大小的模型。这些纸箱和抽纸盒是利瑞纳从家里带来的,如图 2.3 所示。(如果无法去动物园——对我们大多数人来说附近没有动物园,可以到网上找动物园的网站,或查看网站上找到的动物视频)幼儿实践着用立方体作为基本单位来测量基本长度。利瑞纳非常欣然地"在工具箱之外"找到了可以实现她目标的材料和物品。一旦她能够明确学习目标,那么她身边的所有一切都会成为一种可能的科学或数学材料(不仅仅是经常用来测量长度的英寸或单元积木)。

图 2.3　与真实小长颈鹿一般大小的模型

保持清晰而专注。与我们合作的一位教师曾在开展数字认知活动的时候，让幼儿比较地震等级，然后要求他们在 15 分钟内对所有形状进行分类。当进行反思性辅导时我们就这个情况问过她，她回答说，她并不是经常这样做的，但是她非常清醒地意识到要使活动满足课堂观察表上所列的所有条目！我们知道，这些观察对许多学前教育者来说是课堂内容的一个非常真实的部分。然而，我们相信，当活动变得更聚焦、目标也变得更清晰的时候，教学将会更强大（在理论上，包括给这些工具打分），幼儿也会学到更多的东西。

我们都曾在某一个问题上有过"过犹不及"的体验，这也许是由于我们想要追随某位幼儿的指引，或者是因为我们自以为应该尽力在一个活动中涵盖尽量多的主要概念。然而，一般而言，少即是多，在某一时间聚焦于一个概念，将使幼儿获得更好、更深刻的理解和充分的讨论，以及对幼儿就一个特定概念"知道什么"和"不知道什么"进行更精准的评估。你要对某一活动有目标意识，并要非常清晰地界定目标，这样才能有助于你保持专注状态,防止与原计划偏离得太严重。当然,幼儿有时候会冒出其他想法,但他们通常会很好地对这样一种建议做出回应,比方说,"虽然分类或构图很有趣,但现在我们正在玩其他游戏,等我们玩完这个游戏,再回来构图吧。"(同样地,幼儿应该在自由选择的时候,可以拥有大量的机会去制作他们想做的所有图案)

游戏优先。你们是否思考过引入新的STEM材料的时间问题?我们应在**什么时候**引入新材料?对于令人兴奋的新的STEM材料(像一根吸管或一架天平),借用独一无二的拉菲的歌曲《来吧,一起摇摆》(*Shake My Sillies Out*)中的歌词,我们通常鼓励教师让幼儿先"摇摆"起来。也就是说,在把幼儿引入到一种结构化的或有计划的学习经历中**"之前"**,让幼儿尽情去玩,以便观察并探索新材料。我们为什么提出这些建议呢?

在要求幼儿专注使用某一种作为STEM探索组成部分的计划性材料之前,这种"摆弄"(messing about)期给予他们一个去自我探索的机会。他们在利用这一新技术进行探究之前,也为自己提供了一种掌握操作新工具的技术的机会。有一位教师用移液管和滴管探索水滴和吸收问题,她告诉我们,幼儿需要额外的时间来摆弄移液管,这样他们才能够将注意力集中在她希望幼儿学习的内容上,即水是怎样凝聚成液滴,是怎样被特定材料吸收的。他们需要学会使用移液管和滴管的方法:怎样挤压和释放顶端的橡皮头把水引入?怎样小心翼翼地挤压才能使一或两滴液滴出来?这些需要一些指导和实践。一旦幼儿掌握了制作所有形状液滴的技术,他们就能够集中注意力探索这些问题,即水滴是怎样聚到一起的,以及水滴是怎样粘到其他东西上的。(如图2.4)

有时候,我们会暗自假定幼儿与成人一样,拥有关于这个世界的先验知识,却忘记了那是我们长期积累的既有经验,而幼儿眼中的材料和想法是很新奇的。珍妮特(Janet)曾准备了一个"沉"和"浮"的科学活动,目的是证明一个物体的材质是怎样影响它是沉还是浮。她搜集了各种材质的物品,包括塑料的、金属的和木质的。然而当她开始上这个课时,才发现她那组的幼儿根本辨识不出金属的、塑料的和木质的勺子。(这一点都不奇怪。

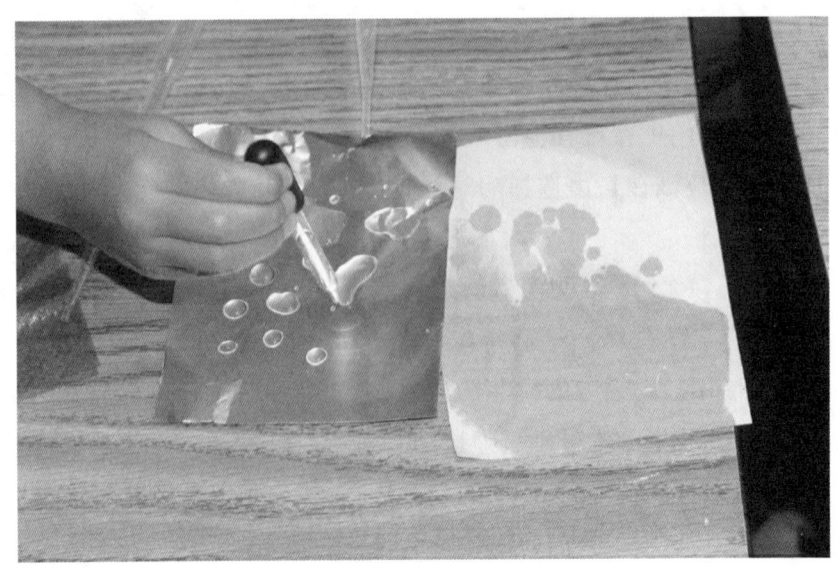

图 2.4　利用新的科学工具去探索

相较于一个物体由什么材质制成以及这种材质的叫法,一个物体是什么以及它的名称是什么——例如,**勺子**——是幼儿更关注的。)我们作为成人仅凭肉眼怎样才能辨识出不同材质的勺子呢?这需要我们依靠经验,触摸这些不同材质,运用所有的感官来认识它们。我们用双手和嘴巴接触它们,搜集关于它们质地、硬度、重量和温度的信息;我们用双眼观察它们,在颜色与质地之间建立起联系。通过让幼儿先玩弄这些材料,我们为幼儿提供了建立这些知识的机会。如,将这些勺子放在活动区里或玩水桌台上,让幼儿在每天的游戏时间摆弄它们,可以为他们提供积累这些经验的机会。

珍妮特认识到她所教的幼儿缺乏这些既有经验,缺乏建立"名—物"联结关系的机会,于是立即改变了自己的教学计划。她没有继续开展"沉"和"浮"试验,而是让幼儿调动自己所有的感官去观察这三把勺子,描述和比较它们,然后以寻找教室里的塑料的、木质的和金属的物品结束。第二天,珍妮特便可以继续她原计划的"沉"和"浮"试验了。

讨论。对我们来说,教幼儿的最有意思的事情之一就是尽力去理解他们的想法、动机、理论和推想。当幼儿遇到某些意想不到的事情或者当他们获得一种启示的时候,见证他们眼中流露出来的惊叹感是一件十分令人激动的事情。引导幼儿讨论他们正在经历的事情,仔细倾听他们与同伴的交谈——他们的想法和解释——我们可以一窥他们的想法。引发讨论的方法之一就是提问(**尽管他们中的绝大部分,一直**,正如我们在上文小插图中所证实的那样)。也许你还得对你所见到的幼儿正在做的事情进行解说,以作为走进他们探索的方式(也称为平行谈话),解说你正在做什么(自言自语),或者运用某些允许幼儿展开非语言交流的鼓励(例如,"指向那个苹果")。对那些不怎么说话的幼儿或学习多种语言的幼儿来说,这些都是非常实用的工具(Tabors,2008)。在特定背景中使用适宜的 STEM 词汇能在一定程度上促进语言的学习(例如,"说得对,毛毛虫待在**蛹**里,是因为它正在变成蝴蝶。");鼓励幼儿与另一位小伙伴交流(例如,"贝纳,你能告诉奥斯卡你是怎么知道这个形状有五条边的吗?");仔细倾听幼儿的回答(例如,"我们正在听神秘盒子里的动静。你曾说你听到过一种像在自己家附近出现过的声音。你能给我介绍一下吗?")。

与其他领域建立连接。在第一章,我们已经讨论过科学、技术、工程和数学是怎样在课程中建立起相互连接的。我们可以通过向幼儿展示内容之间的联系来帮助他们建立起持久的知识——甚至,促使幼儿自己去发现这些联系。我们可以同时实现多个目标(当保持活动处于可操控状态和学习目标清晰的时候)。例如,我(阿丽莎·兰格)与林·洛迪安(Lynn Lodien)搭档,她是我们**院系实验学校**的教师,为我指导的学前教育专业学生提供了观察幼儿参与科学实践的机会(参阅第三章以获得这方面更多的信息),也为幼儿提供了探索新的课堂宠物(蚯蚓)的机会!在蚯蚓真的到来之前,林·洛迪安已经与幼儿做了很多准备。她阅读了很多书,诸如琳达·格拉社(Linda Glaser)著的《完美的蚯蚓》(*Wonderful Worms*)以及乔·西梅尔曼(John Himmelman)著的《一条蚯蚓的一生》(*An earthworm's life*)(读写能力:阅读);他们讨论蚯蚓及其生活习性(口语;生命科学);她还与幼儿讨论蚯蚓是怎样帮助植物长得更繁茂的(生命科学)。在真实的蚯蚓被带过来以前,幼儿已经知道了蚯蚓是有**环带**的(语言;词汇),事实证明,他们在观察真实蚯蚓的过程中,能够灵活而准确的运用"**环带**"这个术语。

职前教师志愿者们和我将真的蚯蚓和假的橡胶蚯蚓带到课堂上,让幼儿观察和探索,我们则在一旁看着他们并与他们交流(科学实践或调查)。当我们把蚯蚓递给他们时,幼儿运用放大镜(技术)亲眼观察它们,并用手指触碰它们。我们提出这样的问题:"你们是怎么判断那条蚯蚓是活的?"当一个孩子用自己的手指小心翼翼地触碰一条蚯蚓时,那条蚯蚓跳起来并蜷缩成一团,那个孩子叫道:"它在跳舞!"后来幼儿将自己的观察用绘画和写作的方式记录下来(读写能力)。图 2.5 展示出一位幼儿用绘画表现出蚯蚓的**环带**以及他观察到的蚯蚓的形态。接下来,教师会要求幼儿创作一个关于蚯蚓的虚构故事(艺术;读写能力),或者开展一个全组活动,在这个活动中幼儿要像不同的生物一样到处走动,包括像蚯蚓一样蜷缩自己的身体(大肌肉动作)。(如有必要的话,可参阅 Lange, Lodien, & Lowe 的作品,以获得此方面的更详细的经验。)

图 2.5　记录对蚯蚓的观察

重复和重温。教育心理学家已经多次指出通过重温某一主题或某一段经历对建构知识的重要性。（例如，Bruner，1960；Bransford，Brown & Cocking，1999）。当一个人已经对特定主题或概念有一点了解时，他将更容易掌握新的信息。新的信息与旧的知识之间形成一种联系，为获得更深度地发展、对所学科目中的问题获取更深刻的理解提供了机会，同时也为学生提供了将其知识置入一种新背景中的机会。同样地，幼儿需要大量机会去参与到不同背景下的科学和数学实践中。要想真正地理解一种实践，他们就必须践行这种实践。我们想帮助幼儿建构丰富的知识和实际的技能，当然，通过重复和重温这些来促进深度学习也会建立起幼儿自己的自信心，因为他们是带着能使自己开展进一步学习的相关知识和技能进入一种全新的学习情景中的。

评价。对于某些人来说，这是一个令人恐惧的概念。我们希望你们发现，它是能够成为使你们的工作变得更轻松的工具，而不是一种折磨！我们可以且应该在实践中（过程性的）运用评价来辨识幼儿"知道什么"和"能够做什么"，或者确认学习目标在一段时期后或特定活动开始后是否达成（总结性的）。了解幼儿在学习道路上的位置（详见第六章中关于数学学习轨迹的内容），知道如何最好地满足他们的需求并帮助他们前进，是非常有价值的。我们一起来看一位教师介绍的一个模式活动。她先向幼儿出示一组规律排列的图案，然后要求幼儿用小动物雕像向她展示。她正在建立幼儿对核心单元概念或者是对模式"规律"的理解。也就是说，幼儿正在学会辨识模式中重复的部分。因此，在一张"熊—猫—狗、熊—猫—狗、熊—猫—狗……"的图形中，核心单元是"熊—猫—狗"，那么接下来出现的就是"熊—猫—狗"，而不仅仅是"熊"。

想象一下，吉尔（Gil）用"熊"来回答问题"接下来出现的是什么"，我们如何知道他是否只是在选择一只自己喜欢的动物而已？如果他还不知道核心单元（或者在这个时候回忆起它），抑或他无法理解图形是什么或者重复这个词是什么意思呢？依据他为什么会回答"熊"，下次我们可以采用不同的方式与他交流。因此，我们应该怎样设计评价和评价活动，才能告知儿童"知道什么"以及他们"能够做什么"？在这种情况下，向他提出一两个简单的问题，要求他解释自己的想法也许就足够了:"吉尔,你知道重复的那个图形的完整结构吗?"当幼儿能够口头回答我们的问题时,我们就能够对他们"知道什么"和"能够做什么"了解更多。如果幼儿难以口头回答我们的问题,我们可以要求幼儿向我们展示他们知道什么。以上这个案例中的情况具体会是一种什么样子呢?

四、发生了什么——来自教室里的报告

"看我!我成功了!我松手了!"

上面引用的这句话,是专业而有经验的学前教师中的一位表达出来的感情,我们在一个STEM职业发展项目中与之合作。她一直在努力减少对学生的指导,允许他们更多地探索材料,并放缓活动进度,以便享受探究的过程,而不是寻求一个最终结果,这被学生喜爱和珍视。在这种情况下,这个班通过制作橡皮泥来探索混合和不可逆转的变化,她给予幼儿充分的时间去探索材料、感觉、观察及描述自制橡皮泥的成分,而不仅仅是遵循配方。当她检查她的学生和桌子时——大部分被粉色的黏性物质覆盖,根本不是橡皮泥——她要庆祝她的孩子们的学习和参与,以及她作为一名STEM教师的能力,她可以改变她的做法,更好地支持年幼的学习者。第二天,她和她的孩子们开展他们旅程的下一步,即利用一本配方(一本信息性文本)和那些配料来制作橡皮泥。(可参阅第三章,可获取这一学习经历的更多信息)

"我有一个主意!"

引用的这句话来自一个STEM中心教室里一位幼儿而不是一位教师的原话。他的老师带来一段斜坡和一些用来在斜坡上面进行测试的物品。她简单地——但出色地——将这些令人兴奋的新材料放在教室里,并说她想看看孩子们自己能用这些东西做些什么。斜坡和滚动探索随之而来。这个小男孩边跑着在教室里寻找可在斜坡上测试的新材料边呼喊道:"我有一个主

意!"令他的老师震惊的是,这是她第一次听到他说英语(他的第二语言)。他对 STEM 学习经历很感兴趣,这为他提供了想要讨论的内容。STEM 经历为他的老师提供了关于他以及他的技能的知识,这是她以前所不曾有的。据教师们报告,当他们使幼儿参与到 STEM 中去时,通过近距离观察幼儿或者进行过程性评价,他们可以获得关于自己所教幼儿的不为己知的东西。通过了解幼儿可能需要更多帮助的地方以及他们能够从更多挑战中获益的地方,有助于教师们更有效地开展教学。我们不认为 STEM 是唯一了解幼儿的途径。当然,简而言之,它提供了丰富而有趣的内容,通过这些内容,幼儿可以发展和展示新的技能和理解。

> 幼儿关于蚯蚓的知识竟然如此丰富,令我印象深刻。这向我表明,老师们花了时间自己去学习信息,然后再根据幼儿的兴趣告知他们。

这段话引自一位职前教师的反思,她在上文提到的林·洛迪安的课堂上观察了蚯蚓探究活动。通过这段经历,她清楚地认识到我们是怎样,以及为什么致力于将自己的背景性知识用于支持幼年 STEM 学习者的。通过 STEM 的镜头,她亲眼看到了幼儿的知识是怎样能够被重温以及被建构在一种不同背景之上的。

五、总结

了解你自己以及你的学生,观察你的改变和成长,这是令人备受鼓舞和激动的。我们相信——并已经观察了自己以及那些有幸与我们合作的教师们——与幼儿一起参与 STEM 是一种良性循环。你尝试做一些事情。在教室,同样有的奏效,有的不奏效。但是你正在学习,你的学生也是。这样能相互激发更多的信心、更多的 STEM 探索以及更多的自我学习和学生的学习。

> **思　考**
>
> 1. 阅读上文中的蚯蚓案例,再看看当地的早期学习标准(或者其他地方的,如果当地没有这些标准)。科学和数学的内容、实践过程中有哪些是显而易见的?为什么?一些实践/过程也许包含观察、提问、假设、预料、试验、数据分析、数据展示和结果交流等。
>
> 2. 阅读附录中的材料清单,思考你们现有的或理想的教室环境,是否有你们想要添加的东西?你们将会把它们放在哪些地方?为什么?你们将会怎样将其介绍给自己的学生?你能设想出一个利用这些材料来组织的学习活动吗?

第二部分
STEM 教育

第三章
科　学

　　这个项目……帮我将更多的科学和数学活动带入教室里。这也帮助我以一种不同的、更有效的方式看待教学。相比于提供材料、活动等，任何时候，对我的学生们来说，我现在明白了让他们自我探索、思考和解决问题是多么的重要……

——参与 STEM 职业发展项目的教师

我们经常听说科学无处不在。这当然是对的,幼儿当然会自己去探索科学概念(比如当他们将水倒入自己餐盘里的时候)。但是,研究表明,很多幼儿园都错过了科学学习的机会,即使科学工具随手可得,教师和幼儿都很少用到它们。想象一下,很多幼儿园的教室里都有玩水桌台,但是它们却很少被开放使用。如果它们不被允许使用,幼儿将慢慢失去了解水和其他材料的机会,而这些探索是可以在一张调动感官的桌台上进行的。把它开放,用来探索沉和浮,探索当水和沙土混到一起时将会发生什么,观察不同的材料是怎样吸收水的,解锁幼儿的科学学习机会。图 3.1 展示了幼儿的兴趣是怎样在玩水桌台开始又延伸到教室其他区域的。与幼儿一起参与到科学探索中,以新的方式去发现教室和教室里面的工具。还需要些什么?

图 3.1 用吸液管、滴眼管和不同材料探索水被吸收的过程

一、学前科学是什么

准备让幼儿参与科学体验的教师,对幼儿在做科学活动时会开展的科学实践很了解。最重要的是,在这个年龄,科学就是有事可做。它使幼儿醉心于积极探索,而不仅仅是看教师做一个实验或掌握科学事实。有准备的教师将具备一定的科学知识,这样他们就可以与幼儿一起研究,但是这并不意味着他们必须无所不知。一起探索、一起寻找答案,是学前科学的核心。

当教师在科学探究的背景下使用并鼓励幼儿也使用科学词汇时,幼儿将学会这些词汇。学前科学包括精心挑选的材料(如将工具和不同材料放在玩水桌台上以试验吸水性),这些材料支持特定科学概念的探究。在本章的后面,我们详细论述了一系列的学习经历,即允许幼儿探索物质的属性,在此案例中是一种特定的液体——水。这虽然是物理科学的一部分内容,但是水可以在所有的科学学科中被充分探索,这正如在"不可不知"栏目和表3.1中所解释的那样。

二、学前科学的内容是什么

学前科学领域的专家至今对幼儿在学期结束时应该获得哪些科学观点没有任何确切说明。比涵盖特定一组或一些概念更重要的,是幼儿发展出能够用来探索周围世界和找到自己许多疑惑之答案的科学实践和技能。(参阅下文"科学探究和科学实践是什么"部分)

 不可不知

水很特别。除了为地球上的生命提供生存条件外,它也让我们以及我们的衣服保持干净,同时还让海滩之旅变得更加美好和有趣!"水"本身不是一个科学概念或一个学习目标,但是它能够为引入和探索不同学科的科学概念提供超乎寻常的背景,正如表3.1所示。例如,此表为探索水(作为一种液体)的属性提供了这样一个背景:通过这一背景我们能够教幼儿懂得因果关系。当我们用吸管吹水滴上的空气时,水滴会扩散开来。通过吹,我们对水滴施加了一种推力,这就产生了运动。这就是结果!(我们也可以在研究天气的背景下,通过观察和收集不同季节的降雨数据,教幼儿认识自然界中的模式)因果和形态,是两个概念,这在《下一代科学教育标准》(NGSS Lead States,2013)中作为"跨学科"概念进行区分。跨学科概念是这样一种科学观点,它们可以同时利用物理科学、生命科学和地理空间科学来探索和学习。也就是说,它们"跨学科"于这些学科领域。这些跨学科概念在工程中也很重要。(你们在表3.1中也可以看到其他案例)

表 3.1 水活动跨学科主要概念和学科示例

科学学科	科学概念	可在学前阶段探索的可解释这一概念的主题	《下一代科学教育标准》跨学科概念
生命科学	水生生物	• 养一只班级宠物 • 种植植物	• 因和果
地理科学	水在自然环境中有固态、液态和气态	• 雨和雪是天气的形态 • 自然中的蒸发和凝固	• 能量和物质 • 模式
物理和化学科学	• 物质状态 • 液体的性质	• 将水变成冰 • 水和其他液体的形状和流动 • 固体和液体在水中的浮和沉 • 在水中溶解和混合不同的固体和液体 • 不同表面上的水滴(如图3.1,其中幼儿正参与这一探索)	• 能量和物质 • 原因和结果 • 结构和功能

俗话说,"授人以鱼,不如授人以渔"。帮助幼儿发展探究技能,意味着他们在一生中都能够自己找到答案。也就是说,幼儿科学的教与学的标准倾向于包括来自科学三大主要领域的概念:物理科学、生命科学和地理空间科学。我们注意到,对于幼儿来说,空间科学往往不如其他科学受重视。任何已经

完成的探索都倾向于集中在幼儿可以看到的东西上,诸如一天中太阳在天空的运行轨迹,或者月亮在时间推移过程中的阴晴圆缺变化。

三、科学探究和科学实践是什么

也许你们听说过这样一种科学方法,它遵循特定的路径或系列步骤来寻找感兴趣的问题的答案。当前关于科学研究的观点认为,可以运用各种方法、运用各种科学实践来探索和寻找答案。尽管这些过程有某些程式——在做出相关观察之前,你无法为数据模型构想出一种解释,例如——这些步骤并不像我们在学校学过的那样死板。尽管不同的作者会描述出不同的探究技能或科学实践(如,Gelman, Brenneman, Macdonald, & Román, 2010; Greenfield et al., 2009; NGSS Lead States, 2013; Worth & Grollman, 2003)。以下这些技能是被普遍认可的科学实践:

1. 观察(利用我们所有的感官和工具去观察我们环境中某些有意思的事物)
2. 提问(在初步观察后我们想要知道更多的信息并提出一个问题;疑问也有可能会驱使我们去做特定类型的观察)
3. 假设可能性答案(依据我们的既有经验)
4. 预测实验结果(对"假如……会发生什么"做出明智的猜想)
5. 计划并执行探究(设置一个有可能得出结论的实验或探索)
6. 分析并解释数据(公布并描述模型)
7. 构想出解释(总结)
8. 交流信息(通过讨论、绘画、协作或其他交流方式分享观点、结果和结论)

 不可不知

"科学研究是指科学家运用各种方法研究自然世界,并根据他们工作的证据提出解释的一种研究。"(National Science Research Council, 1996)科学调查技能是人们探索并寻求某种现象的解释,抑或寻找自己所处世界中某一问题的答案而使用的一系列技能或过程。

通过让幼儿参与到直接运用调查就能找到答案的科学探索之中,我们可以帮助幼儿运用和反复实践。不是所有问题的答案都能够在直接调查的过程中被找到。例如,如果有一个幼儿问"为什么所有的大雁都朝同一个方向飞",我们是无法在教室里开展试验来得到答案的。我们需要查阅某本书或到可靠的网站上去寻找答案。以这种方式获得和评估信息是一种正当且重要的科学实践,并且能够使幼儿接触到多种多样的信息文本。信息文本是一种关键的文献,通过这些文献,幼儿能够学习并自我创造。

下文中的表3.2为我们提供了一个范例,它向我们展示了通过将面粉、盐和水混合起来制作橡皮泥这样一件简单的任务,是怎样支持科学探究的。看看这张表格并思考一下,幼儿说了什么做了什么,教师又是怎样回应的。如果幼儿观察到面粉、盐和水的混合物粘在他们的手上(如图3.2),那么教师

图3.2 困境!

应该指导他们添加更多的面粉去解决这一问题。在这个案例中,教师已经为幼儿提供了答案。在下次准备用面粉制作橡皮泥并遇到同样的问题时,幼儿也许会记得用同样的办法去解决。然而,对幼儿而言,当教师通过设置"能引导幼儿自己寻找答案的深思熟虑的问题"来促进他们开展科学调查实践时,才是更富有效力的经历。(进一步探索在幼儿园如何促进科学调查的更多资源可在本章结尾部分的"更多重要的STEM资料"中找到)

四、支持科学学习者的奇思妙想

诚如我们在上文所述,幼儿正在开展科学活动。他们不是在看着一位教师做一个演示或记住一堆事实。这是教师在让儿童参与科学活动时要记住的重要观念之一。当为幼儿制订学习计划时,还有其他什么观念可以指导你呢?

表 3.2　制作橡皮泥时的科学实践研究

科学实践或探究技能		幼儿可能的思维过程	教师的引导性问题	备注
注意到感兴趣的事物;这也许是某些新出现的事物,或是与之前经验或认知冲突的事物	观察	幼儿注意到生面团粘在他手上的黏稠度不如他经常玩的橡皮泥大	发生了什么 你注意到了什么 这个是否感觉像橡皮泥呢	这是一个验证幼儿的经验并使用丰富而准确的词汇表述观察和问题的机会
提出一个你感兴趣的问题	提问	为什么生面团会粘在我的手上,我该怎么办	我想知道这个生面团为什么会粘在我们手上	
基于已有经验形成一种可能的解释	假设	幼儿注意到干的配料如沙子、面粉或盐不会粘在手上,因此可以提出这样的假设,即应该把生面团变得干一点	你的手是否曾被某些东西粘过?面粉和盐在加水之前是否会粘到我们手上	即使在教师引导性问题的指导下,也不是所有的幼儿都具备已有经验来形成一种假设。没关系,继续探索

续表

科学实践或探究技能		幼儿可能的思维过程	教师的引导性问题	备注
基于已有知识,制定一个与假设一致的可测性预设	预设	添加一些更干的配料,如盐或面粉,会使生面团不那么粘	你认为我们应该添加些什么来减少面团的黏稠度 我们应该再加点水、盐,还是面粉 你为什么会这样认为	通过要求幼儿解释他的选择,我们能够窥探到他的已有知识和思维过程 对那些词汇量较少的幼儿而言,我们可以要求他们在两种配料之间做出选择,允许他们指出来或给出一个单词的答案
执行一项旨在得出预设答案的试验	试验	幼儿将面粉或盐加到生面团中并搅拌	做个试验看看!当我们再加些干的配料时会发生什么 我们应该加多少面粉	教师对科学试验表现出积极的态度 教师让幼儿决定数量
收集并记录试验结果	收集、分析和数据描述	幼儿在科学日志上画出自己的发现	教师写、画或拍照记录过程来展示	教师演示数据表示过程
总结数据并归纳一个答案来证实或反驳预设	总结	添加更多的面粉有助于使生面团不那么粘手	你能告诉我再添加一些面粉后发生了什么变化吗 你的发现与你的预设是吻合的——添加一种干的配料到黏性面团中会使其不再那么粘手 增加水会使面团不那么粘的预设与你试验发现的结果吻合吗?不吻合?相反,我们学到了什么	教师帮助幼儿从经验中得出结论,并将其与预设联系起来 教师改写结论以概括经验,从而形成假设

1. 少即是多

美国基础教育中的科学教育一直被形容为"只有广度,没有深度"。意思就是我们倾向于努力让学生很少去思考大量论题。我们正在通过《下一代科学教育标准》改变基础教育中的科学教育,我们同样也想在幼儿园做出改变。当任何年龄的学习者有机会去深入探究一个概念或者一种观点时,随着时间的推移,他们就会建立起更持久的概念理解。知道自己真正理解了某些事物是一种奇妙的感觉——这就是增加了自主权。这种感觉是我们想要促进幼儿拥有的;这样,我们就支持了一种"少即是多"的哲学,这种哲学观指引我们与儿童探究更少的观点或概念,但给予他们更多机会去接触每一个观点并深度学习它(Gelman et al.,2010)。这句话的意思就是你可以在教室里持续好几周或一个月地探索生物的生长,而不是仅仅撒下一些种子,然后再把注意力转移到其他科学想法上。关于这种方法,举个例子就是,你可以专注于去比较动物和植物生长的异同,探索不同生长环境对植物及其健康的影响,或者了解某些植物是怎样成为我们的食物的。

2. 放慢脚步并"放松"

"少即是多"这个理念也为幼儿完成教师的教学计划提供了内在的学习经验指引。我们发现,教师——包括我们自己在内——有时候倾向于用更多的内容和概念去"过度装填"个别课程,而不允许幼儿在一小段时间内开展有意义的探索。设想有这样一位教师,苏珊(Susan),她为自己的一个20分钟的小组活动设定的目标是,幼儿去探索物质变化(物理科学,在改变与转化的宏大背景下),通过数据收集和分析去探索数学,以及思考颜色混合。孩子们都非常兴奋,因为他们要做橡皮泥了!他们将见证固体(面粉和盐)与液体(水、油和食用色素)的混合物能够转变为一种不可思议的物质,这种物质能够被形塑成任何形状。在教师的指导下,幼儿按照一本配方称量原料,并将称好的原料倒入一个碗中。当需要决定添加哪种食用色素的时候,幼儿无法就一种颜色达成一致意见,还有些幼儿想要混合两种颜色而形成第三种颜色。苏珊要求幼儿在接下来的12分钟里投票选出(统计他们的选择)需要添加的食用色素颜色,并要求他们反思从原色混合中学到了什么。运用数学去投票选出一种颜色,并在没有白色的情况下找到调出粉色的方法,这些都是非常宝贵的学习经验。然而,这些经验会占据一堂课的大部分时间,并使目标转变为探索和描述物质的变化。一种可能的办法是在一个先行活动中通过事先与幼儿一起投票选出一种活动所需的颜色而使幼儿对活动有准备。随着时间的推移,这组经验可以被发散开来而成为三四个相对独立的活动。(这听起来应该很耳熟,因为它与第二章中所述的**保持清晰而专注**相关)

当你正在探索相同的概念——说,改变与转化——一连几天或几周都集中在一种经验上时,你可以放慢脚步并减少个别课程内容。这对于学习是非常有益的,因为它允许你和幼儿在课堂上更专注、更深入,并多次重温想法。那种重温会引致更持续久的学习。(这种观点听起来应该也是很耳熟的)

3. 与儿童已知的联系起来

当你开始对新的观点展开探索时,可以要求幼儿描述一下他们已经知道的东西,比如水。他们分别在学校、家里和户外什么时候会用到水?他们在哪里见过水?他们能够描述水吗?这些可以帮助幼儿为新的经验做好准备,也能够使你对他们关于即将开展教学活动的概念已经知道些什么有所了解,并且有助于突出探索活动与幼儿日常生活之间的关联。正如我们所描述的,你也可以在幼儿开始更有系统地学习之前,通过让他们摆弄材料和工具来帮助他们掌握相关知识。以水为例,可以让他们随意摆弄玩水桌台上的、便携式盘子里的,或者是桌子上的(如图3.1)不同工具和容器。这种方式不仅能使他们获得关于水的性质的重要直接经验,而且可以使他们在实践中学习使用诸如杯子、管子、吸液管、滴目管或火鸡滴油管等这些你在教学计划中将在课堂上使用的东西。

你还可以让幼儿通过阅读相关书籍或关注身边的相关现象,来思考那些你将与其一起探索的概念。有一个非常好的案例即维奇·科博(Vicki

Cobb)著的绘本《我弄湿了》(*I Get Wet*)。在进行水是如何流动的一个拓展性探索之前(或过程中),你可以询问幼儿他们观察到窗户上的雨滴是怎样的,或者要求他们描述出水槽中的水是如何从水龙头流向排水管的。

五、试试看

1. 我需要知道些什么

水是一种极好的材料,用以供幼儿探索许多关键的科学概念(如表 3.1)。它无处不在,随手可得,并与幼儿的生活息息相关。当接触到水以后,幼儿不会满足于掌握"重力""力"或"密度"这些概念,而是开始了解是什么使一种液体流动起来,或者什么性质会影响一个物体在水中是沉还是浮。他们可以在实践中熟悉这些概念,并掌握这些概念的基本知识。水是如何流动或移动的这个问题,是下文"试试看"部分和"实践聚焦"部分的核心。

重力作用于水,因为水是液体,它往下流。除非你用什么东西挡在它流经的路上(比如,将一把勺子放在水流中,水会发生侧向流动,如图 3.3),或者是你给水流增加一种力(抽压水泵利用气压把水推高),水会顺流直下。

图 3.3　水流的转向

设计关于水是怎样流动和怎样填充不同容器的学习经验,可以教给幼儿关于液体物理性质的一些知识,诸如液体受重力作用会向下流动,除非在液体流动的过程中增加另外一种力;液体没有形状——它们在什么样的容器中便形成什么样的形状,或者当没有容器盛载它们时,它们就会蔓延开去(参阅"不可不知")。这些都是非常重要的科学思想,而且幼儿通过科学探究就能够很好地发现这些思想。

在让幼儿参与到一种科学探究活动之前,教师提醒自己即将一起探讨的科学思想是什么,是很有帮助的。你可以利用列在"更多重要的 STEM 资料"清单上的资源以及通过自己预先试验材料来提醒自己;为你将提供给幼儿的实践活动设置预定的学习目标;思考一下你将如何知道幼儿是否在学习你所希望他们学习的东西;你要寻找哪些证据来证明幼儿正在学习;等等。在下文所示的案例中,我们将活动拆分为简单的学习经验,这些学习经验能够表现幼儿利用科学技能去建构关于水是怎样流动的,以及力的作用是怎样影响其流动的。

2. 活动案例:水的流动

在接下来的这个学习经验案例中,幼儿将探索水是怎样流动的,以及是什么促使水向不同方向流动。理想的情况下,随着时间的流逝,这些经验将产生并被一小组幼儿在平均每人 15—20 分钟的时间内践行。

学习目标
- 观察并描述水流动的方式
- 理解在没有任何外力(推力或拉力)作用的情况下水会顺流直下
- 探索改变水流方向的方法
- 向其他人描述和交流自己的发现

需要的材料
- 不同型号的杯子和容器
- 漏斗(保证平均每两名幼儿有一个)

- 泵
- 滴目管、吸液管、火鸡滴油管
- 一些塑料管
- 一个装材料的塑料箱
- 一张玩水桌台或一些洗碗盆
- 防水护衣

会用到的词汇（英语和西班牙语）

- 水——water——*agua*
- 流动——flow——*fluye*
- 运动——movement——*movimiento*
- 向下——down——*abajo*
- 向上——up——*arriba*
- 推——push——*empujar*
- 拉——pull——*tirar*，*jalar*
- 挤压——squeeze——*exprimir*

活动过程

经验1：当我们将水倒出来的时候，观察水是怎样顺流而下的，并测试改变其流向的方法

（1）引导幼儿聚集到一张玩水桌台或塑料洗碗盆旁（如图3.4）。告诉他们，他们要去探索水的运动。在幼儿开始玩水之前，要求他们思考水会怎样运动。

（2）向幼儿演示你正举着一杯水放在玩水桌台或洗碗盆上方。要求幼儿告诉你，如果你倾倒杯子的话，水会到哪里去。水会朝哪个方向流？向上流？向侧面流？向下流？倒一些水出来试试。

（3）让每一个幼儿从不同容器中（杯子、瓶子、漏斗）倒出水来。他们注意到什么？水是否总是顺流直下？

（4）尝试做出一些改变以发现水是否依然顺流直下？当杯子满时或当我们加快或放慢倾倒速度时，水流方向是否发生改变？

图 3.4　探索水的属性

（5）问问幼儿他们是否有办法改变水流的方向："我想知道我们是否可以使水向侧面流或流向另外一个方向？"给他们时间去实验和探索。

（6）如有必要，你可以这样说以提示他们："我想知道，当我们倒水时，如果将一只手或一把勺子放在水流经的地方，水会发生什么变化？"

（7）当水流碰到手或勺子时，水会流向哪里？水流会停下来，向很多方向溅开，或者向侧面流去。因此现在我们知道，**如果我们将某种东西放在它流经之处的话**，我们能改变水流的方向。

（8）让幼儿探索其他物体是怎样影响水流的。

（9）当所有小组都有机会去参与之后，鼓励小组幼儿向全班分享自己的观察和发现。

 动态区分

我们可以根据某个幼儿的语言能力来调整我们的提问标准。对那些不爱说话或者不能运用丰富词语表达自己想法的幼儿来说，我们可以要求他们用肢体语言回答或简单地问一些只需回答是或否的问题。例如，"我要把水倒进去,指出水会流向哪里。"这不需要用语言回答;"水正在动吗?"这只需要回答是或不是;"水正在做什么?"或者"水正在发生什么?"都是对那些拥有良好语言表达技能的幼儿而问的。关键在于找到能邀请所有幼儿参与到学习实践以及科学思考与反思中的方法。

 超级策略

在科学学习实践的整个过程中以及其他活动和日常生活的全过程中,可以有意识地使用科学词汇和生词。使用特定的词语同时命名和描述那些正被引荐或被使用的材料:"请确定你正穿着工作服。它会保护你的衣服不被打湿,因为它是用塑料制成的。塑料不吸水。"以及"这个叫漏斗。它有一个面积很大的、锥形的开口与一根细管相连。漏斗可以帮助我们把液体倒进小口径的容器内而不搞得一团糟。"

经验 2:运用外力使水向上流

(1)当幼儿观察水是怎样流动的时候,提醒他们注意这个活动。要求他们回忆水一般是朝什么方向流的。他们是否知道可以使水流向另外一个方向的办法?今天,我们将探索改变水流方向的更多方法——我们将找到使水向上流的方法!我们可以使水朝另外一个方向流,**如果我们推或拉它的话**(如果我们提供外力的话)。

(2)让我们开始探索吧!让幼儿运用所提供的工具(管子、杯子、滴目管、漏斗、泵,或者任何其他你想提供的)探索怎样使水向上流动及向其他方向流动。提醒幼儿通过将某种东西放在水流经过的地方,抑或通过推或拉而努力使水朝另外的方向流动。

(3)如果幼儿需要帮助,向他们演示吸液管(火鸡滴油管或滴目管)是怎样使用的,以及你是怎样使水向上喷射而出的。"我们对吸液管做了什么?我们挤压了它(提供了一个外力),并将吸液管内的水向上推出!"

经验3：将水往上推的更多方法

（1）拿着一根塑料管，使其一端略高于另一端。往塑料管里注入一些水，让幼儿描述发生了什么。

（2）水管里的水没有涌上来而从水管另一端流出来。我们是否可以做些什么来使水管里的水涌上来并从另一端流出来？我们能够找到一种方法来把水推上去并使其从另一端流出来吗？让幼儿用水管和其他工具实验。

（3）如果有必要，你可以鼓励他们，建议他们使用漏斗并改变注入水管内的水量。

（4）我们可以发现什么？我们快速地向水管内注入大量的水或者我们用某种东西**推动**管内的水流动，管内的水就会涌到另外一端。

（5）拍照记录幼儿的探索。让幼儿向你口述他们在实验中做了什么以及发现了什么。

 超级策略

鼓励幼儿通过模拟自言自语的方式来反思自己的想法和他们正在开展的科学实践。描述出你正在做的事情和你自己的思考过程。当你陈述其过程的时候，也许会这么说："当我将水管的两端持平时，我本打算只从其一端注入一点点水。我想知道这样会发生什么？水往水管里顺流而下，它并没有往上涌并从另一端流出来。"

3. 确认理解——演示给我看看

- 幼儿是否理解了水是倾向于往下流动的？为了确认，教师可以问："如果我将这杯水倒出来（将另一只杯子放在下面），水将会流到哪里去？"（如果有必要的话，通过提供选择或建议，幼儿只需要指向水将流向的地方就可以了）

- 幼儿是否理解了当提供一种外力作用于它的时候，水可以流向其他方向？为了确认，教师可以问："我们是否可以将水流引向其他方向呢？我们可以采用哪些方法去改变水流的方向呢？演示给我看看。"

六、实践聚焦

丽瑞纳(Liria)与她的学生们探索完水是怎样流动的问题以后,她发现了一个研究水的另外一种性质的契机:水是可以被吸收的。丽瑞纳的学生们对研究婴儿很感兴趣,因为她正怀着她的第一个孩子,学生们的疑问太多啦!她利用这个"主题"开展了好几周的活动,并将 STEM 包含进来。幼儿对尿布很感兴趣,她就带了一些真实的尿布来给幼儿探索。她问道:"我想知道好尿布是用什么做成的?"在接下来的几天,她让幼儿去探索不同的材料,以让他们去发现哪些材料能够很好地吸水,哪些材料不能。幼儿用滴管将水滴在不同材质的表面(如图 3.5)或材料上,并将材料分为两大类(如图 3.6)。然后他们用数码相机拍下他们分类的照片并绘制出一张图表,以此记录自己的发现。

图 3.5　用不同材料探索吸水性

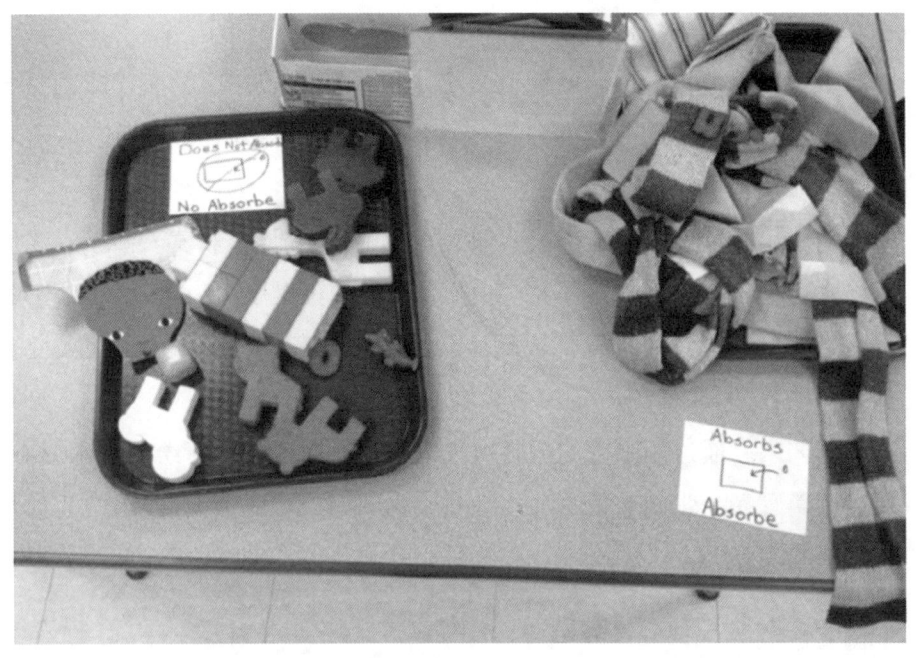

图 3.6 通过把材料归为"吸水"和"不吸水"两类来交流结果

超级策略

给幼儿充足的时间去自我探索并讨论他们的推理和想法。问他们:"你是怎么知道水会顺流直下的?"或者"看看我们用来将水往上推涌的所有工具吧。你从它们身上可以发现些什么?"与我们合作的一位教师说:"自始至终,我都留给幼儿更多的时间,让他们去思考自己的想法,而不是催促他们去找到一个答案,我从他们那里收到了更加丰富多彩的想法和观点。"

七、延伸探索

改变水流方向。试着在吃点心的时候用一根吸管喝水或另外一种饮料。看看水也会通过啜吸管而往上流。利用不同形状的吸管(不实用的吸管)去看看水在上升过程中运动的各种各样的、有趣的轨迹。

将水与其他液体做比较。油或牛奶是怎样流动的？用吸液管或滴目管在一个托盘中滴出不同液体的液滴，倾斜托盘并观察不同液体的流动，看看哪种液体流动得快？

运输水。我们怎样才能使玩水桌台的水腾空以便能够填入沙子？我们能够将水运输出来的办法有哪些（参阅第五章以获得更多信息）？哪些工具可以帮到我们？通过探索需要从玩水桌台腾倒出多少桶水来才能使其变空而加入一些数学知识。

水的艺术。通过用吸管向颜料吹气以推动颜料液运动而绘制出水彩画，或通过用滴管在一张画布顶端喷水来观察水（和颜料）的流向，使水的活动与艺术联系起来。

创造性链接

幼儿能够运用自己学到的关于水的流动的知识去解决真实的问题（工程学）。每当下雨的时候，后院的水就会流到前门汇聚成水坑，我们穿着满是泥泞的鞋子导致教室里脏兮兮的。我们该怎么办呢？让幼儿尽自己所能想出尽量多的办法吧。让幼儿制订自己的计划。如果有可能，试用他们的一些想法。我们能够把水从门口引流走吗？可以使用什么工具来这样做？什么材料对这个有用？我们可以怎样设计并建造以防止问题重新出现？

八、带回家……再带回来

> 我所教的幼儿在自由游戏中和在家时会持续使用数学和科学。不仅仅是幼儿，家长们也对我们在本学年中开展的科学项目感兴趣。
>
> ——2013聚焦科学与数学职业发展会议的与会教师

下文的建议清单是提供给利用水参与科学实践的家庭：

- 要求家长们保留好那些能够被用来与玩水桌台一起发现水是怎样流动的材料，并将其送到教室来。这些材料可以包括各种造型很有意思的容器、水管或者 PVC 管。
- 邀请家长们开展一些水的探索活动，并以此作为他们日常生活中的一部分，例如刷盘子或洗车。当家庭成员们一起工作时，邀请成人们这样做：
  - 通过向幼儿提问使其参与。关于水是怎样流动的，他们有什么发现？他们是否尝试将水流引入不同的方向？当他们将一只杯子或一只盘子放在水龙头下时，水流会发生什么变化？
  - 与幼儿一起通过拍照或绘画的方式记录他们的共同活动。
  - 把幼儿的所做、所说和所学写下来或口述给你（教师）。
- 准备一份关于水流以及尝试在家里开展简单活动建议的简短文字材料，这份文字材料要使用新词。如果有些想法是基于家长们与你分享的（上文）活动而提出来的，那么这将是绝妙的。
- 举办一个家庭 STEM 之夜（或者"之晨"或者"之午"——对你们学校所在之地家庭而言最方便的任何时候）。邀请家庭成员参与到不同的实践活动中去探索水的性质。在每一个活动部分，可以要求家长们来展示每个概念，以此作为挑战的小任务。例如，家长们能否建构某种东西使水往上流到杯子里。他们可以与其他家庭一起做，如果他们愿意的话。

附：更多重要的 STEM 资料

1. 与儿童分享的书籍

- 芭芭拉·柯力 《一杯清凉水》（这本书与本章所述的这些内容没有特别联系，但是这是一本讲述水对所有人之重要性的非常有意思的书）

  A Cool Drink of Water by Barbara Kerley

- 艾伦·斯托尔·沃尔什 《点点滴滴和那神秘消失的河流》

Dot & Jabber and the Mystery of the Disappearing Stream by Ellen Stoll Walsh

- 芭芭拉·麦克肯尼 《一滴水环游世界》

A Drop Around the World by Barbara McKinney

- 沃尔特·维克 《一滴水》

A Drop of Water by Walter Wick

- 凯伦·布莱恩特·莫尔 《浮与沉》(这本书对幼儿来说有点难,但它为思考沉与浮的问题提供了很棒的事实性信息)

Floating and Sinking by Karen Bryant-Mole

- 亚瑟·多罗斯 《从小溪流向大海》(这本书的语言和概念对幼儿来说略难,但它对探索水流的活动非常有帮助)

Follow the Water from Brook to Ocean by Arthur Dorros

- 简·马塞洛 《我是水》

I Am Water by Jean Marzollo

- 维奇·科博 《我弄湿了》

I Get Wet by Vicki Cobb

- 玛格丽特·帕克·布里奇斯 《我喜欢雨》

I Love the Rain by Margarett Park Bridges

- 西莫·西蒙和尼古拉·福特 《让我们在水里试试》(这是一本探索沉与浮的好书,但是我们想在几天甚至几周以后再去用里面的概念。我们推荐一次只做一个实验来帮助儿童建立理解)

Let's Try It Out in the water by Seymour Simon and Nicole Fauteux

- 乔纳森·朗顿 《水洼》

Puddles by Jonathan London

- 拉瑞·丹·布瑞纳 《雨滴》

Raindrops by Larry Dane Brimner

- 康斯坦茨·乐维 《飞溅!我们水世界的诗》

Splash! Poems of Our Watery World by Constance Levy

- 乔·布朗斯菲尔德·格雷厄姆 《飞溅泼洒》（我们建议在教室里开展相关活动的时候选择一或两首诗来读）

  Splish Splash by Joan Bransfield Graham

- 艾伦·劳伦斯 《水》

  Water by Ellen Lawrence

- 帕梅拉·艾伦 《谁把船弄沉了？》

  Who Sank the Boat? by Pamela Allen

2. 推荐给成人的书籍

- 英格丽德·查理福和凯伦·沃什 《与幼儿一起探索水》（幼儿科学家系列）（查阅这一系列书籍，了解其中的奇思妙想、体悟其中的科学探索，这些都有助于深度参与和深度学习）

  Exploring Water with Young Children by Ingrid Chalufour and Karen Worth

- 艾伦·劳伦斯 《基础实验：水》（这本书是为年龄稍大儿童而写的，但是该书一开始介绍的一个实验与我们在本章所述的实验很相似，阅读这本书可以获得更多的想法。其中有很多内容适合你阅读后分享给幼儿）

  Fundamental Experiments：Water by Ellen Lawrence

- 蕾切尔·吉尔曼、金伯利·布里奇曼、盖·麦克唐纳、莫伊塞斯·罗马 《学前教育的科学之路：促进科学思考、讨论、行动和理解的方法》（尽管这本书没有聚焦于水的探究，但是它在秉持促进科学调查的价值观基础上，采用说明性的活动理念，提供了非常详细的背景知识）

  Preschool Pathways to Science（PrePS）：Facilitating Scientific Ways of Thinking, Talking, Doing, and Understanding by Rochel Gelamn, Kimberly Brenneman, Gay Macdonald, & Moises Roman

- 卡尔·林顿 《固体、液体和气体》（这份说明性文本为我们提供了不同物质状态之性质的基本信息。你可以与幼儿一起阅读这本书,在与幼儿讨论关于水及其性质的问题时,你也可以用它来帮助自己更新相关背景知识和方法)

Solids,*Liquids*,*and Gases* by Carol Lindeen

3. 网络资源

● 开端计划:调查水(MESS):www.floridamuseum.ufl.edu/wp-content/uploads/sites/16/2017/03/mess-water-guide.pdf

● PEEP 和大世界——很多来自 PEEP 的伟大想法包括"探索水"这个单元:www.peepandthebigwideworld.co,/en/educators/curriculum/family-child-care-educators/16/water/

● 儿童的科学本能:www.pbs.org/parents/sid/episodes

思 考

1.. 与你以前用过的(或想过要用的)方法相比,本章所述的幼儿科学有什么相同或相似的地方?与你在学校学过的科学(假如确实如此的话)相比,本章所述的科学视野有什么不同?

2. 我们为探索水的性质提供了案例课。在你的课堂上设计并(或)教一个。例如,你可以按照以下方法来做。

● 扩充同样的学习目标创设一堂不同的课:让我们探索一下这也适用于其他液体。同样的原理是否适用于牛奶或油呢?

● 思考还有哪些的水的性质可以探索,围绕哪些可供探索的水的性质建立起学习经验

● 设计一个集中于学校或幼儿园里另外一个地方的学习实践。我们还能够在哪些地方验证自己关于水流的想法?喷泉?水洼?休憩时喝水的水杯?幼儿会用吸管来喝果汁、喝水或喝牛奶。

- 创设一堂课去探索物理科学的更广大的科学观点——利用其他的物质形态(例如,土壤)探索物质性质。土壤的性质有哪些?怎样将其与水的性质进行对比?土壤是否像水一样被装在什么样的容器中就变成什么形状?收集一堆小岩石怎么样?一块大岩石怎么样?

第四章

技　术

　　我们认为STEM中的"T"——技术——应该与其他学科区别开来理解。技术不是一个幼儿学习的内容领域，而是一种能够支持STEM学科以及跨学科学习的重要工具……幼儿利用技术作为工具来探索世界和探究他们感兴趣的事情。幼儿与技术和数字媒体的交互作用应该聚焦于利用它们来探索、发现、记录、研究、交流以及合作。

——《早期STEM问题报告》(2017)

当我们问3—5岁的幼儿(以及成人)他们听到"技术"这个词的时候会想到什么时,大部分会回答电脑、手机和电视这样的东西。确实,这些都是技术的具体事例。它们都是由人类——通常是工程师——发明的工具或设备,工程师即那些运用自己的聪明才智去创造某些东西为人类带来便利的人。第四章和第五章联系密切,因为工程设计过程在技术创新的过程中会同时利用到现有的技术和成果。那么,铅笔呢?铅笔是一种技术吗?在戴琪(Diaz)女士的学前课堂上,幼儿用一支铅笔、螺丝刀、订书机、橡皮筋、硬糖、松果、小树枝、岩石块、积木、计算器以及一台即时显影相机玩了神秘口袋的游戏。这些东西被放到一个不透明的袋子里,幼儿轮流从这个袋子里取走一个东西(如图4.1)。命名并描述出所取东西的用途后,幼儿必须判定各自所取之物是否

图4.1 幼儿正观察一颗松果

可以被认定为一种技术。用于做出判定的提问是这样的：有人制造或发明了它吗？如果答案是肯定的，那么它就可以被认定是属于技术。幼儿快速地总结出一个物品能被认定为是技术的，可以不需要用电或电池来操作。他们同样注意到，松果、小树枝或者岩石都是来自自然界的，不是人造的，因此它们不是技术。然后他们拿到了糖果。这是食物，并且它的原料（也许）都来自自然界，那么糖果应该被归纳到哪一类呢？

一、我们该如何定义技术

我们援引《早期 STEM 问题报告》(2017)中关于技术的广义定义来界定技术这一概念："[技术]即用来解决某一问题或满足某一愿望的任何人造物。它可以是满足人类需求和愿望的导致自然世界被改造的一件物品、一个系统或一个过程。"在这一概念界定中，技术同时包括模拟工具如蜡笔或勺子，以及数字工具如平板电脑和数码相机；它还包括一块糖，这当然是为满足人类对甜的需要改造自然世界的产物。在我们生活的这个数字时代，我们当然更容易将注意力集中在基于屏幕和交互媒体（参阅"不可不知"）的技术上；然而，作为 STEM 教育者，我们应该将所有在教室里和家里用到的技术都囊括进来。

在上文所述的活动中，幼儿正在学习技术的定义以及思考他们身边哪些物品可以被纳入技术的范畴。也就是说，**他们正在思考着将技术作为世界上所存事物的一种分类**。在学前教室里，幼儿同样可以**探索技术的所有应用途径**，并思考每一种途径是如何帮助我们解决问题同时又使工作变得轻松的。工具的一个特别分类——简单机械——通常被纳入幼儿学习标准和课程之中。（参阅下文内容以获取更多这些工具的信息）另外，幼儿可以利用技术来服务科学、工程和数学探索（参阅下文"支持技术学习者的伟大想法"部分），**并在此基础上学习其他内容**。技术是读写（例如，纸质书、电子书、铅笔和纸）、艺术（例如，不同的绘画工具、不同媒介如颜料和黏土）、音乐（例如，从不同设备听音乐、乐器）等活动的一部分。最后，幼儿能够运用工程设计过程（参阅"实践聚焦"部分和第五章）来**设计并创造他们自己的技术产品**。

二、进步的技术

我们可以从进步的视角来考虑幼儿对技术的理解。一般而言,在自己着手设计之前,幼儿会首先探索并熟悉自己身边的技术。通过密切观察一种工具,留意其设计,在不同背景下使用它,幼儿能够在工具的形态与功能之间建立起联系。例如,一把铲子的勺形设计是如何使其能很好地完成铲土任务的?如果它是平面的或者像叉子一样有尖齿会发生什么?幼儿从很小的时候(参阅第五章)便开始注意到物体的功能性特征。他们利用自己所掌握的不同技术的知识去探索周围的事物并解决问题。例如,学步儿面对被管子卡住的球时,会拿起长而坚硬的棍子,将球从管子里推出去。(Geiken,2010)在往后的几年里,幼儿不仅能够对现有的技术进行改进,而且能够发明新的技术。(这里值得指出来的是,幼儿的目标从来不是追求发明某些东西,而仅仅是去发现他们不曾知道的那些东西,或开发那些他们不曾创造过的东西)最后,幼儿也将从一个技术消费者变成一个技术发明者。教师们可以提供这些学习经验,即利用别人发明的工具来支持幼儿的学习,以及为幼儿提供自己设计一样工具的机会。

三、支持技术学习者的奇思妙想

1. 技术与 STEM 其他领域紧密相连

技术与科学和数学。技术可以通过很多方式与科学和数学相连。技术可以为计算过程提供支持以使其变得更加简单或更加精确。各种运算都是支持数学推理的简便工具。就长度测量来说,标准的测量工具包括直尺和卷尺,而非标准的测量工具则可以包括绳子、积木或回形针。对科学而言,诸如放大镜、显微镜、用来写和画的铅笔与纸、数码照片及打印等工具,都能够在观察、记录观察，以及记录试验和探索结果的过程中提供帮助。幼儿能够在使用的过程中明白这些工具能为我们的工作带来便利。例如，使用技术，我们能够看见仅凭肉眼不能看见的微小机体或细枝末节。在地理和空间科学中，当研究天气的时候，我们使用雨量计来测量降雨量，用天气应用软件来帮助我们判断今天的天气是否适合外出进行科学探索。更不用说，技术为我们在恶劣天气中提供保护——雨靴、雨伞、雨衣——如果我们决定即使下雨也要外出去做科学探索的话！

不可不知

以下是对幼儿可能会与之互动的不同类型媒体的描述，摘引自美国幼儿教育协会2012年联合立场声明和弗雷德·罗杰斯中心早期学习和儿童媒体联合立场声明：

● 交互媒体指的是数字的和模拟的材料，包括软件程序、应用程序（apps）、广播和流媒体，一些儿童电视节目、电子书、网络，以及其他形式的能够促进幼儿积极性和创造性、鼓励幼儿与其他幼儿、成人开展社会性参与的内容设计等。

● 非交互媒体包括特定的电视节目、录像、DVD，以及现在可在各种屏幕上获取的流媒体。非交互技术工具和媒体没有被纳入这两份声明中有效而合理使用的定义和描述中，除非它们被用以作为促进积极参与和互动的方法。非交互媒体会引致幼儿被动观看和长时间盯着屏幕的后果，且不能代替数字媒体或与成人和幼儿的互动及参与功能。

技术与工程。技术与工程可以说是STEM科目中联系最紧密的，它们缺一不可。技术是工程设计过程的结果。工程师（以及其他人）发明技术，他们也利用既有的技术去解决问题。幼儿能够或变通地利用既有工具，也能够设计出自己的工具和程序来解决问题，或制作出某种自己想要用以娱乐或学习的东西。（下文的"试试看"部分有一些陈述儿童利用和设计技术来开展科学探索的具体案例；第五章有更多内容来讨论这些观点以及工程与技术之间

的联系）

2. 技术不仅仅是电脑和手机

我们已经在上文讨论过这个观点，但还是有必要重申一遍。在非数字技术分类中，有一个子类通常会令人在幼儿学习标准或课程上引起特别注意：**简单机器**者都是只有很少零件或无法拆卸的机械化设备，它们不需要电力驱动，一般被用来修正动作和力。简而言之，简单机器提高工作效率！诚如希腊数学家、哲学家、科学家及工程师阿基米德（Archimedes）的名言："给我一个支点，我将撬起整个地球。"不管阿基米德是否真的这样说过，但这个观点是极其正确的，尽管有一点点夸张。杠杆是六个"简单但强大"的机器之一：杠杆、轮轴、斜面、滑轮、螺丝和楔子。复合机器是由两个或两个以上简单机器组合运行以使工作变得更轻松的机器。

我们从醒来打开百叶窗让阳光照进房间开始整天都在使用简单机器和复合机器；刷牙（一把牙刷就是一个杠杆，如图 4.2）；下楼梯（一个斜面的具体例子）；切水果或面包（刀子就是一个杠杆加楔子）当早餐。机器的主要优势就是它们允许我们在更远的距离上施加较小的力来完成同样的工作。简单机器是一种特殊的技术类别，因为它们都是我们每天使用的许多工具。尽管我们不建议教师努力去教会幼儿了解

图 4.2　运用技术来刷牙

每一种简单机器以及我们身边的每一个具体案例，但是教师可以向幼儿介绍这样的观念，即一些工具很特别，有了它们，我们的工作和生活将轻松许多。轮子是幼儿生活中最常见的，可以成为幼儿探索活动的一个重要主题。尝试玩一个车轮（和车轴）探寻游戏，以找到这种机器在我们周围运行的例子。

3. 技术是可以被谈论的话题

正如在 STEM 中所作的一切一样，我们也鼓励你们去要求幼儿谈论他们正在做的、正在想的，以及正在使用的工具。例如，你可以要求幼儿描述出当他们看到一个贝壳时有什么发现。他们用放大镜观察到了什么？放大镜是怎样帮助他们近距离观察的？如果你们和幼儿一起探索简单机器，试着用力去拖曳（安全地）物品或把它们装进有轮子的货车里以使其移动。让幼儿描述出他们的经验。尽量打破常规用不同的餐具吃饭——用叉子来喝汤？用勺子来吃意大利面？——然后要求儿童描述出这些餐具是怎样管用的（或不管用的）。常用餐具（勺子和叉子）的哪些特征使它们更适合用来喝汤和吃意大利面？艾米·克罗斯·罗森塔尔（Amy Krouse Rosenthal）著的《勺子》（*Spoon*）一书是一本很好的参阅资料，因为它将常用餐具的概念与其实际用途联系起来进行了全面介绍。同时，该书还传递出一种甜蜜而自主的社会情感信息。

四、试试看

1. 我需要知道什么

在本章，我们专注于模拟技术，而不是数字设备和媒体。我们讨论的是学习技术本身（例如，技术是什么，简单机器和复合机器）；在其他学科中使用技术，诸如数学、科学和工程（设计和创造），以及创造技术（第五章有更详尽的论述）。在下文，我们将在天气（地理科学的内容）背景下通过具体的课堂活动来更详细地说明这些。为了做好准备,你们可以自己先熟悉所在州的有关天气的学前科学标准。例如,新泽西州的标准5.4.3(2014)为:"观察并记录天气(例如,绘制出全年的温度变化图或者通过户外舞动的丝巾情况来表示风的等级)。"

◯ 创造性链接

除《勺子》一书之外,还有很多优秀的书籍可以扩展我们对技术的思考和讨论。例如这些书中包括玛丽·舒赫(Mari Schuh)著的《花园里的工具》(*Tools for Garden*)(园艺技术),以及罗伯特·威尔士(Robert E. Wells)著的《如何提起一头狮子?》(*How Do You Lift a Lion*)(简单机器)。参阅本章最后部分的"更多重要的STEM资料"内容以获得更多书中的想法。

下文所述的天气技术学习经验示例表明,在学前教室里我们能够采用和探索多种技术途径。在我们的案例中,教师和幼儿运用技术去学习有关天气的知识(特别是风),利用技术去测量天气现象,并创造出他们自己的技术(一种风向工具)去测量天气现象。在活动的整个过程中,我们提出了技术整合和使用的具体方式:(1)利用书籍和数字媒体来学习天气;(2)教师阐明特定工具是怎样帮助人们的;(3)用工具来"做"科学和数学;(4)幼儿运用自己的知识和经验来设计自己的工具。

2. 活动案例:探索风

我们今天可以放风筝吗?今天刮风吗?幼儿探索技术是怎样帮助我们判断风的强度和方向的。

学习目标

- 利用技术去观察风并描述其强度和方向
- 设计一种工具去观察风

需要的材料

- 纸巾
- 美术纸
- 丝带
- 纸巾盒
- 管道清洁器
- 细绳
- 胶带
- 胶水
- 订书机
- 剪刀
- 风扇
- 一张风向袋的照片（如图 4.5 所示的那种）

会用到的词汇（英语和西班牙语）

- 空气——air——*aire*
- 风/有风的——wind/windy——*viento / ventoso*
- 吹/吹动——blew/blowing——*sopló / soplando*
- 强劲/强劲地——strong/strongly——*fuerte / fuertemente*
- 静止的——still——*calmo*
- 方向——direction——*dirección*
- 软的/软地——soft/softly——*suave / suavemente*
- 移动——moves——*movimientos / se mueve*
- 微风——breeze——*brisa*
- 柔韧的——flexible——*flexible*
- 僵硬的——rigid——*rígido*

以下三项活动旨在激发幼儿的兴趣，铺垫他们对风和技术的预备知识，从而为设计自己的工具做准备。

经验1：运用技术（媒介以及/或者一本书）来设置步骤(A)

(1) 与整个小组幼儿一起阅读帕特·哈钦斯(Pat Hutchins)的《风吹过》(*The Wind Blew*)，向幼儿介绍一项刮风天气的研究。

(2) 幼儿可以观看一部强风中某些物体被刮动的视频。

(3) 以下是一些你可以提问幼儿以激发他们好奇心的问题：

a. "你在风中行走过吗？风是一种怎样的感觉？"

b. "关于风你有什么想知道的吗？"

c. "你觉得风是从哪里来的？"

d. "你能造出风来吗？怎样造？"

e. "你听见过风吗？风听起来怎么样？"

f. "风会一直刮下去吗？"

g. "你是怎样知道开始刮风的？"

(4) 记录幼儿的回答。

经验2：技术如何帮助人们追踪风(B)

(1) 分别在刮风和无风的天气带幼儿出去几次，多带几次。

(2) 在出门之前，让幼儿回忆一下他们所了解的户外风况，以及他们想在散步时发现什么。

(3) 在户外时，让他们注意风是怎样吹动东西的。他们能够观察并发现风吹东西的事例吗？（这些事物可以是他们的头发、他们的衣服，或者他们身边的树）

(4) 询问他们是否所有的事物都会被风吹向同一个方向。他们是怎么知道的？

(5) 带一个夏天用的丝巾或者一根纸带，让幼儿注意它是怎样运动的。询问幼儿这个工具是怎样帮助我们的。它是用来干什么的？它的运动能够告诉我们什么？

(6) 让幼儿坐下并闭上眼睛。风吹过脸庞的感觉如何？是温暖的还是冰冷的？是柔软的吗？能听见它吗？

(7) 让幼儿举起手臂来感觉风——能够抓住它吗？

(8) 记录幼儿的想法和思考。

经验 3：运用工具去探索风(C)

(1) 让幼儿分别在刮风和无风的天气时挑一个他们想记录(树、花、旗、丝巾等等)的物体。

(2) 让幼儿在日记里画一幅两种情况下的同一物体，以及(或者)在刮风和无风的天气时拍下不同物体的照片或视频(如图 4.3)。

(3) 一旦在室内(在刮风和无风的天气)，再次讨论幼儿关于风的想法和思考、他们的观察以及他们的记录。

(4) 考虑制作一张记录有幼儿发现的拼贴画或一张图表。

a. 讨论刮风和无风的天气。

b. 问幼儿："在刮风(或晴朗)天气风是怎样运动的?"问幼儿是否能够用他们的身体展示刮风(或晴朗)天气的区别。

(5) 在另外一天或者接下来的一天，展开更多的探索。

a. 在一个小组中，问幼儿关于刮风和无风天气的问题。利用他们的日志和图表来指导记忆(A)。

刮风天　　　　　　　　　　　　无风天

图 4.3　将在刮风天和无风天中观察到的对象制成图表

b. 让幼儿回忆他们的头发、丝巾或者旗帜在风中是怎样运动的。让幼儿知道他们今天将要测试不同的物体以及它们是怎样在风中运动的(B)。

c. 我们怎样在教室里制造风？让幼儿分别轻轻地和猛力地吹一张纸巾或一条薄(夏天的)丝巾，观察纸巾的运动和方向。

d. 把风扇引介给幼儿。与幼儿讨论风扇的用途(B)。让幼儿测试当风扇轻轻地吹和猛力地吹时会发生什么。

e. 现在让幼儿努力吹一把木质或塑料的尺子。它会像纸巾或丝巾那样运动吗？哪个更难吹动？提问："我想知道那是为什么？"让幼儿留意不同材质之间的区别。（一种富有弹性并且很容易折起，而另一种则更坚硬且不容易弯折）

f. 让幼儿尝试教室里的不同材料，观察将它们放在风扇前或朝它们吹气时会发生什么。

g. 要求幼儿描述所观察的物体以及它们是如何运动的。

h. 按照不同物体在微风中的运动特点进行分类以此做出总结。（如图4.4）

图4.4　幼儿在风扇前测试一根彩纸带

经验 4：设计一种应对大风天气的工具(D)

(1) 看一段机场风向袋的视频并讨论"为什么机场要有风向袋"(A)(C)。

a. 风向袋对飞行员有什么作用？

b. 它们是怎样发挥作用的？

(2) 向幼儿展示风向袋的图片(或书籍)。讨论风向袋的特点，并(或)阅读所提供的书籍(A)(C)。

(3) 给幼儿提供各种各样的材料来制作他们的工具，诸如彩带、彩色美术纸条、纸巾和丝带(参见上文"需要的材料"部分可获知更多的材料)。

(4) 对一小组幼儿提问："我想知道我们能否自己制作出一种放在室外的工具，它可以测出风是猛烈的还是轻柔的，我们还能观察出风是朝哪个方向吹？"记录下他们如何创造这样一个工具的想法(D)。

(5) 告诉幼儿，你已经为他们准备了各种各样的材料，他们可以用这些材料尝试设计一种工具或设备来显示风的速度，他们可以在刮风的日子外出，将其放在风中进行测试，或者将其放在风扇前进行测试。

(6) 当幼儿在工作的时候，要求他们解释他们的设计以及他们对材料的选择。

(7) 鼓励幼儿测试他们的设计，如有必要，对设计做出改变。

(8) 带领幼儿到室外去使用他们的风力工具，看看风是怎样运动的。

(9) 记录幼儿的观察、想法和困惑。

(10) 问幼儿："今天的风是猛烈的还是轻柔的？你是怎么知道的？"

3. 确认理解——演示给我看看

幼儿能够描述出或说出帮助我们确定风向和(或)风力的工具吗？他们能够运用描述风向和风速的词汇吗？为了确认，你可以问："今天是哪一种类型的刮风天气？"为了提供鹰架，你可以问："风刮得强劲还是轻柔呢？刮得很慢还是很快呢？"当在室外时，你可以问："你们能向我展示风是从哪里刮过来的吗？风吹向哪个方向？你们是怎么知道的？哪种工具帮助你们注意到风？还有哪些途径可以帮助我们注意到风？"

幼儿能够描述并解释他们的风向袋设计吗？为了确认，你可以问："我看到你选择在你的工具上粘贴上美术纸条。你能告诉我或者展示给我看你的工具是怎样操作的吗？如果刮风了，你是怎么知道的？"

 不可不知

风向袋是"一种锥形的管状布质翼，两端都有开口，开口大的一端有一个固定的环可以自由摆动，被安装在机场或其他地方，以指示风向及其大致强度。"（如图 4.5）来源：www.dictionary.com/browse/windsock

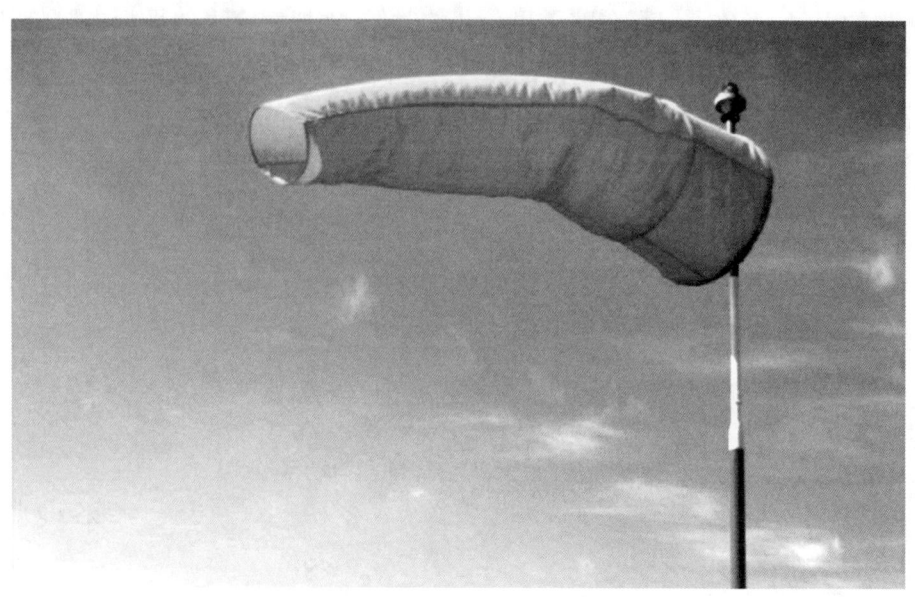

图 4.5　风向袋

五、实践聚焦

此时正值东北地区的早春时节,在珂莱蒂尔(Claudia)的学前教室里,他们一直在讨论关于天气的问题。最近,他们刚经历过暴风雨天气——狂风吹倒了树木并导致一些地方停电。幼儿都在回忆暴风雨时的声音和印象,以及来学校路上树枝倒下的后果。珂莱蒂尔抓住这个机会来讨论和追踪天气,特别是风。以下内容是对该教室里接下来几周所发生事情的描写。

为了营造背景,珂莱蒂尔带来虚构的和非虚构的关于风的书(参阅下文"与儿童分享的书籍"中所开列的书单),并在小组活动时与小组幼儿一起阅读了一些书,同时与全体幼儿也一起阅读了一些书。分别在一个刮风和一个无风的天气,当孩子们都在院子里玩儿的时候,她把教室里的平板电脑带到户外,这样幼儿就能够拍下周围的照片。他们将刮风那日和无风那日拍下的照片冲洗出来,将其挂在天气统计图表旁边,比较这些照片并讨论它们之间的区别。

当他们都在户外的时候,她将幼儿的注意引向那些树、地上的树叶和碎片,以及他们的头发和衣服上。"你们注意到什么了?"她问,并要求他们去观察和描述自己的所见、所听和所感。

幼儿:它们(叶子)有点移动。
教师:因此,那可以告诉我们关于风的什么?是很大风,还是没有风?
幼儿:不是很大风。
教师:你认为风是朝哪个方向刮的呢?你又是怎么知道的?

阅读格蕾丝·林(Grace Lin)著的《放风筝》(*Kite Flying*)这本书,然后引发出对风筝的兴趣。珂莱蒂尔承诺会带一只风筝来,这样幼儿就可以尝试着去放风筝了。他们一致认为需要等到一个刮风的日子来放风筝,但是他们怎样才能知道刮风的日子是否到来了呢？他们可以透过窗户看外面并确认外面是否刮风了吗？珂莱蒂尔所在教室的窗户是朝向一条没有树的小巷的,这里唯一可见的是邻近的砖房。如果仅从他们教室窗户外的景象来判断的话,他们怎样才能知道天气是否适合放风筝呢？珂莱蒂尔说道:"我想知道我们是否能够设计一个挂在窗户外面的工具,它可以告诉我们天气是刮风还是无风？"班上的幼儿就此讨论他们是否能够创造这样一种工具,如果能够,这个工具应该像什么,应该用什么材料来做。在讨论的整个过程中,珂莱蒂尔要求他们谈论他们想法的原因。

在接下来的几天时间里,珂莱蒂尔给幼儿介绍了可以帮助人们用来捕捉风向和风力的不同技术。她向幼儿展示风向袋、风速计、风向标和风车(参阅下文"更多重要的 STEM 资料"部分所列出的书单和网址)的照片和视频剪辑。在珂莱蒂尔让幼儿去挑战制作他们自己的风向袋之前,她需要向他们提供一些不同材料在风中是怎样运动的经验准备。她带来一个电风扇并收集了各种各样的材料(美术纸条和纸巾、塑料尺和木尺、丝巾、管道清洁器、丝带、纱线段和绳段、羽毛)。为了测试不同的材料,她邀请幼儿去吹这些材料,然后又把这些材料放到电风扇前,让幼儿描述材料及其是如何在风中运动的。柔软并富有弹性的材料能够在风中迅速移动,坚硬而没有弹性的或定型的材料在风中只能移动一点点。当你松开它的时候,它能够被吹走多远？幼儿也被鼓励从教室周围搜集自己的材料来测试。

幼儿轮流吹一条轻质的夏季丝巾。

教师:发生了什么？
幼儿:她在用力地吹。
教师:你是怎么知道的？是什么告诉我们她在用力地吹？
幼儿:大的,大的肚子。
教师:你看见了她肚子的运动。也许她的肚子通过吸气真的变大了。我们看看那条丝巾。丝巾怎么了？

幼儿：正在移动。

教师：移动了许多还是一点点？当你用力地吹时，丝巾移动了很多；而当你轻轻地吹时，丝巾只移动一点点。

接下来的几天里，珂莱蒂尔与一小组幼儿一起造了一个类似风向袋的工具，这样她们就可以把它挂在窗户外面了。有兴趣的幼儿全程参与了创制工具，通过将工具放在风扇前测试工具，以及将工具带到室外，修正他们的设计，并再次测试工具的周期（这就是第五章所述的工程设计周期）。当他们在创制自己工具的时候，必须自己决定想要使用什么样的材料以及如何将这些材料连接起来。珂莱蒂尔也为幼儿提供了不同工具的选择："你们拥有一个机会来使用胶水、胶带或订书机。桑迪（Sandy）认为胶带也许会更好地把飘带粘起来。你们可以尝试并决定哪种材料最好用。"在使用液体胶水的时候，一个幼儿评价道："这胶水很像冰激凌。"（使用丰富的词汇重新措辞）珂莱蒂尔接着说："胶水滴下来是不是很像融化的冰激凌？"当他们都在工作的时候，珂莱蒂尔要求幼儿解释他们的设计和材料选择。

教师（鹰架）：记住丝巾是怎样被挂起来的，这样它就能运动了吗？想想如何系上你们的飘带，使它们运动起来。测试一下。（幼儿朝飘带吹气）

幼儿：我的坏了！

教师：我看到你的飘带被撕破了。你要继续用它吗？试试看！窄的飘带可以用吗？从一端开始挂和从中间开始挂，你认为哪一种方法更管用？

一个幼儿在没有悬挂任何东西的管子里粘了一条飘带。为了测试，她朝飘带吹气，然后决定再粘一条更长的飘带，让它悬垂下来。

超级策略

作为能够影响幼儿的设计和问题解决能力的背景经验的一部分，需要向幼儿提供机会去探索各种材料（诸如箔纸、丝绸织物、硬纸、报纸），以便他们知道材料在风中是如何运动的。鼓励幼儿讨论自己与材料互动和开展测试的经验。

创造性链接

当幼儿测试不同材料的时候，努力尝试绘制一张图表（如图4.6）来记录结果。将材料分为两类，一类是可以弯曲的、有弹性的、能够在风中大幅度运动，另一类是风吹向它们时仍保持坚硬的、不能弯曲的。确保当幼儿开始创制自己的风向工具时用到这个图表。帮助幼儿在他们发现的结果之间建立起联系，并将这些结果应用到他们的测风装置设计中。

珂莱蒂尔注意到理查德（Richard）正在将所有的飘带粘到管子里去。

教师：这很有趣，理查德。你正在把飘带放到管子里。你将如何看到风在刮起来呢？

理查德：当风刮得很猛烈的时候，飘带就会从管子里出来。

当班上所有幼儿都来到室外测试自己设计的工具时，理查德注意到了别人有飘带的风向袋的飘带是怎样随风飘动的，他把飘带拉出来一部分，这样它们就也能够随风飘动了。在他做完测试后，他把飘带又放回风向袋里把它们收起来。

最后，幼儿都能够把自己的风向袋挂到户外，期待在一个有风的日子里放风筝！

有弹性的　　　　　　　　　　　　　　　坚硬的

图 4.6　使用以上两类材料用图表记录测试结果

六、延伸探索

建造一个风车。运用工程设计过程给幼儿布置一项挑战性任务,即让他们设计自己的风车(参阅第五章获知设计过程中更详细的信息)。为幼儿提供图像(书里或网上的照片)和样本(购买的或自制的)。朝它们或轻轻地吹、或猛烈地吹、或放在风扇前面吹。幼儿注意到了什么？如果把风车放在靠近风扇的地方、远一点的地方,或者成一定角度,这样会有影响吗？分别在一个刮风和无风的天气试用风车,两种情况下风车有什么区别？关于风的强度,风车能告诉我们什么？

建造一座庇护所。为你最喜欢的毛绒玩具动物建造一个庇护所,保护它们不受风吹雨打。运用幼儿书籍，诸如《三只小猪》(*The Three Little Pigs*)，通过不同类型的建筑物来拓展幼儿对风及其影响的理解。按照故事发展的顺序，在不同的日子里，让幼儿运用不同的材料建造庇护所。我们可以利用什么工具：钉子和锤子、螺丝和螺丝刀、订书机？利用风扇来制造风，要求幼儿测试他们的创造物。联合各小组举办一场讨论会讨论他们的发现：哪种类型的材料能最有效地抵御风吹？为什么？你想要住哪种类型的房子？为什么？它们的庇护所同样能够挡雨吗？试试看！你会如何改进你的建筑物？

风中吹着什么？ 风裹挟着各种不同的东西从四面八方吹来。我们能够设计一种工具来找出什么类型的东西会被风吹走吗？为幼儿提供各种可能有助于"抓住"哪些是容易被风吹走的材料。你可以提供这样一些材料，包括塑料盖、打孔机、纱线、石油冻、放大镜、镊子以及白色的美术纸。与幼儿一起讨论一些带有黏性的东西，这些东西可以粘住被风吹起的物质。他们的想法是什么？你们可以用这些材料来制作捕风器。石油冻的好处在于没有甜味而且不会招引虫子！尽管这只是创制捕风器的一种方法，但要保证对幼儿想要捕捉风中飘荡的那些东西保持开放性。将捕风器放在室外一段时间（当不下雨的时候或者放在不被雨淋的地方）。在小组里，允许幼儿使用放大镜去观察他们"捕捉"了什么。他们可以用镊子来将"捕捉"到的东西移到一张纸上或一个纸盘里仔细观察。你可以利用 STEM 日志或者数码相机来记录幼儿的发现。

七、带回家……再带回来

以下内容是为参与技术探索的家庭提供的建议：

- 邀请家长和幼儿一起列表、绘画或拍摄他们最喜欢的技术（工具）并与全班幼儿分享。如，日常生活中你使用最多的技术是什么？你在早晨通常会用到哪些种类的技术？假如没有牙刷或牙膏，你会怎么办？
- 邀请幼儿及其家长参与一个家庭聚会，制作一只风筝或一个风车。有没有家庭有关于风筝或风车玩具的经验？你们愿意分享这些经验或共同参与这项家庭活动吗？

以下是为教师和家长提供的一些制作一只简易风筝的资料。

附：更多重要的 STEM 资料

1. 与儿童分享的书籍

故事书

- 玛丽·霍尔·艾特斯 《吉尔贝特和风》

Gilberto and the Wind by Marie Hall Ets

- 维奇·科博 《我迎着风》

I Face the Wind by Vicki Cobb

- 格蕾丝·林 《放风筝》

Kite Flying by Grace Lin

- 弗兰克·阿诗 《如风的一天》

Like a Windy Day by Frank Asch

- 林莲·穆尔 《当你在追帽子的时候》

While You Were Chasing a Hat by Lilian Moore

- 柯瑞吉·汉默史密斯 《风》

The Wind by Craig Hammersmith

- 帕特·哈钦斯 《风吹着》

The Wind Blew by Pat Hutchins

- 凯蒂·莱德 《风诉晚安》

Wind Says Goodnight by Katy Rydell

- 卡洛·汤普森 《风（不管天气如何）》

Wind（Whatever the Weather） by Carol Thompson

- 吉·布林·卡拉斯 《刮风日》

The Windy Day by G. Brian Karas

非虚构类作品

- DK 出版公司 《眼睛想知道:天气》

Eye Wonder:*Weather* by DK

- 亚瑟·多罗斯 《感受风(让我们-阅读-并-找-到 科学 2)》

Feel the Wind（*Let's-Read-and-Find-Out Science*2）by Arthur Dorros

- 凯伦·蒂·赛弗 《国家地理小孩的第一本天气大书》(第三章是关于风的)

National Geographic Little Kids First Big Book of Weather（Chapter 3 is about wind）by Karen de Seve

- 马里恩·丹·鲍尔 《风》

Wind by Marion Dane Bauer

- 苏珊·卡尼萨雷斯 《风》(科学新兴读者——英语和西班牙语)

Wind（*Science Emergent Reader*—*English and Spanish*）by Susan Canizares

- 保罗·丹尼奥 《哇哦！天气！》

"*WOW*！*Weather*！" by Paul Deanno

2. 网络资源

天气和风

- 发现……气象工具-K-第二部分：www.youtube.com/watch? v = Gubo3bOvuW8

- 凌乱-我们的自然世界：www.flmnh.ufl.edu/files/8013/4665/0851/mess-naturalworld-guide.pdf

- PBS 儿童频道-去放风筝：www.pbs.org/parents/fetch/activities/act/actgoflyakite.html

- 窥探与广阔的世界-刮风的日子：www.youtube.com/watch? v = zqm9BbhEXxg

技术

- 埃里克森研究所培训中心：teccenter.erikson.edu/
- 弗雷德·罗杰斯中心：www.fredrogerscenter.org/initiatives/digital-media-learning/about-digital-media-learning/
- PBS 儿童频道：tnlearn.pbslearningmedia.org/resource/ket-earlychild-sci3/lets-have-fun-with-simple-machines/#.W2mtJrgnbD4

思 考

1. 我们建议可以邀请家长们来分享他们最受欢迎的技术案例。你也可以在自己班上做同样的事情。你们最喜欢的工具是什么？这些工具能够帮助你做哪些非用它不可的事情？工具是如何在日常生活中帮助你的？你如何鼓励幼儿在教室里分享他们喜欢的工具？

2. 服装是我们日常生活中的一种技术。很多服装都有某种扣件——我们的鞋子要系鞋带、带扣或用魔术贴。我们的皮夹克上有拉链和纽扣（有时也用魔术贴和带子）。你将如何利用这些日常用品来激发我们展开对同一"问题"使用不同工具的探索？幼儿会"喜欢"某一办法胜过其他办法吗？为什么？

3. 当你在读这章内容的时候，是否同时想到你在教室里每天都会用到的工具？你可以通过在日常活动中融入简单的对话和问题来支持幼儿对工具和技术的思考。在吃点心的时候，你会问什么样的问题来激发幼儿思考工具问题？转到户外活动场的时候呢？在户外活动场上的时候呢？

第五章

工　程

当你把那些积木扔在地板上而孩子们必须想出如何旋转和平衡时,他们就是物理学家了。他们玩得很开心,并且他们正在学习那些我们所知的与数学技能相关的初步技能基础。

——坦普尔大学心理学教授凯西·贺什列·帕赛克(Kathy Hirsh-Pasek),引自施莱(Schley, 2018)

我们完全同意贺什列·帕赛克教授的观点。当孩子们在玩积木的时候，他们就是在探索物理科学的概念（包括物体掉下来时的重力，因为这是不可避免会发生的）。他们遨游在空间关系和三维模型之中，为什么直角棱柱比球体或三棱锥更适合做塔的底座？那就是数学思维与物理学的结合。当一个孩子准备要创作一种独特的建筑时，这个孩子就变成了一个工程师。

一、学前工程是什么

我们常常听到这样的说法：儿童是天生的科学家。他们天生具有很多科学家所表现出来的倾向——好奇、怀疑，以及通过测试来找到引起有趣结果的原因。我们想要补充的是，儿童也拥有很多工程师所特有的思维习惯。他们设计和建造建筑物，他们关注物体是如何运行的（或不按预期运行），同时他们也能找出解决问题的方法。

二、工程的内容是什么

积木建构提供了极好的工程机会，这必然涉及探索和测试有关力和物体运动的物理定律。北爱荷华大学的研究人员和教育工作者认识到建造、了解事物如何运作、产生有趣结果以及问题解决的内在动力，开发了一种以街区和坡道为中心的学前阶段 STEM 方法。坡道和通道（regentsctr.uni.edu/ramps-pathways）涉及斜面（坡道由家居用品店购买的凹口塑模制成）以及在这些坡道上运动的物体（如图 5.1）。利用木质单位积木、不同长度的凹口塑模、大理石，与其他有趣的建筑性和滚动性物体，幼儿可以创制简单的和复杂的坡道建筑，测试它们，调适他们的设计，并再次尝试。幼儿经常提出他们自己的问题来解决，诸如"我怎样才能让大理石转个弯"，教师也通过提出这样

图 5.1 用积木、坡道和玻璃弹珠设计

的问题来激发思考:"你能在不用手触碰大理石的情况下让它(在一块平坦的凹口塑模物上)运动起来吗?"幼儿对这个问题的反应是吹大理石、抬起塑模使其倾斜一定的角度、找到另一个物体来推动大理石等。我们鼓励大家研究一下坡道和通道的视频,看看幼儿在一起解决问题时所表现出来的令人难以置信的思维力和毅力。

除了搭建积木,还有很多方式可以使幼儿参与到工程经验之中。如果你们仔细观察幼儿,就会发现他们会非常自然地尝试解决事物是如何运行的疑惑,确定能让他们做自己想要做的事情的工具,并设计他们自己解决问题的办法——利用既有的技术或创制他们自己的工具——作为他们游戏和与这个世界进行日常互动的一部分。

从幼年开始,幼儿就以对他们有利的方式来推论物理世界,因为他们开始利用自己对这个世界的了解(他们的科学知识)来辨识出他们想要解决或设计解决方案的有趣问题。我(金伯莉·布伦尼曼)最近观察了一个 1 岁孩子与一个弹力门挡的互动。门被打开时,门挡可以防止门把手撞击到墙上。首先,孩子用手把门推了又拉,使门发出了一个超级酷的弹力声音。成功以后,他尝试用脚代替手。第一次没有成功。他努力使自己用不同的方式来移动自己的脚(即他在测试后改变了一个变量),直到他能够重新制造那个非常酷的声音。然后,在我没有留意的时候,他早已把安抚奶嘴拿掉了,他正朝门挡的方向努嘴。**安抚奶嘴被拿掉表明,尽管孩子喜欢探索泥土、虫子、水和自然界的东西,但人为建造和创造的世界对他们来说同样充满了惊奇**。他们从几个月大的时候就开始思考不同的人造物体是用来做什么的,它们是如何表现的(有弹力),甚至它们听起来怎么样,他们想在不同的环境中测试这些东西。工程师也一样进行测试和重复测试,有时候改变设计,有时候又测试现存的东西来确定它们每次都以同样的方式运作(诸如在产品测试中)。

正如在第四章所述,建立起一个人对工具的运作原理及其使用功能的理解,是能够辨识可用来解决问题之工具或程序的能力的一部分。我们并不总是必须设计一种解决办法——通常,面临的挑战是从既有的解决办法中辨识出可用以解决我们问题的办法,发现正确的工具来完成某一任务。作为成人,我们已经积累了很多具有不同用途的工具的知识——剪刀、订书机、纽扣、针和线、破壁机——为我们提供服务以及它们所能解决的问题。但是幼儿并不总是能够了解这些事情。他们可能需要注意工具的结构,弄清楚它是否有所需的零件、形状和合适的材料来提供解决方案。一个物体的结构与其功能是紧密相连的(参阅下文的"不可不知"部分)。

如第三章所述,《下一代科学教育标准》对跨学科概念的阐述可运用于所有贯穿科学和工程的领域。其中之一——结构和功能——当我们在探索工程的时候将会一再出现。结构和功能的概念也同样可以被运用于科学的其他领域。例如,在生命科学,试想一下,如果大拇指不长在原本的位置,那我们的日常生活将变得非常不便。写字?即使能写起来,也会特别具有挑战性。捡起那些你们掉在地上的硬币?同样极其困难!尽管《下一代科学教育标准》适用于学前教育至高中教育阶段,但是我们可以将其作为思考我们能够提供给幼儿的学习经验种类的指导,这些学习经验将为促进他们幼儿园及以后阶段 STEM 能力和知识的发展奠定坚实基础。

想想简单如梳子之类的东西,它有一个容易用手抓握的地方。如果梳子只有一英寸(1 英寸 = 2.54 厘米)长,那么梳理头发就会变得很困难;它有梳齿来分离并理顺头发,一把掉了很多梳齿的梳子也依旧可以被称为梳子,但是它已经失去了一把梳子的功能。不管它是木质的、金属的,还是塑料的,任何一把梳子都是由坚固的可以保持其定型的材料制成的。一把用纸或纤维制成的梳子也许拥有梳子的形状和组成部分,用这样的梳子梳头,将会使你的头发如未梳之前一样乱。研究表明,幼儿非常清楚这些事情,并且对此事非常感兴趣。在一份报告中(教育心理学家 Ann. Brown,1990),学步儿观看一位成人用一根有条纹的棍子解决一个问题(把一个玩具挪近)。在给予机会但不提供棍子这个工具的前提下,被要求解决同样的问题时,学步儿的表现表明,他们会将注意力集中于与先前工具所具有的相同功能的特征上——它的长度和末端的钩子,而不是它的条纹——以选择他们想要使用的工具。他们没有上当去选择另一个有条纹的物品,尽管这些条纹特别容易被感知到。一个很酷的玩具是学步儿非常想要去探索的!

探索形式和功能或者结构和功能是我个人(金伯莉·布伦尼曼)最喜欢的学前 STEM 课程。20 世纪 90 年代,宾夕法尼亚大学的克里斯汀·梅西和齐泊乐·罗斯(Christine Massey & Zipora Roth,1999)在一本早期入门书《发展思维的科学》(*Science for Developing Minds*)中提出了一种从幼儿园到小学一年级的科学课程。科学问题单元探索技术设计中的结构和功能,使幼儿参与到探索来自材料科学方面的想法的学习经验中。其中有些幼儿专注于探索防水材料的特性,这样他们就可以制作出一件好的雨衣;同时有些幼儿则专注于探索吸水材料,这样他们就不会制作出雨衣。这些探索的一部分包括确定哪些物体能够很好地保存水,它们的形状以及制成它们的材料。你们可以在下文"试试看"部分和"实践聚焦"部分找到与结构和功能有关的教学思路。

工程活动必然会涉及科学原理，特别是物理科学（力和运动）和材料科学。这些概念将很自然地成为教师所提供的和幼儿在课堂上发现的工程学习经验的一部分。同时，就像科学一样，学前工程的重点不在于**必须涵盖具体的内容**（诸如幼儿被要求去解决问题、尝试创制工具和建筑物），而是更在于幼儿所使用的**思维技能**和他们在参与到工程设计过程中时所施展的**思维习惯**。

三、工程设计过程是什么

解决问题是工程的核心。工程就是为人类解决问题的设计。为了解决问题（或者设计非常酷的提供娱乐和休闲的东西），工程师们合作参与到一个特定的设计过程中。

- 发现一个问题
- 思考解决办法并提出假设
- 测试这些潜在的解决办法
- 如有必要重新设计
- 交流结果

这个过程可以被用来创制一种新的工具或过程来解决一个问题，但是它也可以被用来修复现有的已经坏掉了的工具（想想管道胶带）。幼儿也可以参与到这种设计过程之中。美国公共广播电视公司儿童频道已经开发出能够把儿童、家庭和教育工作者引入到这个工程系列中来的资源（参阅下文"网络资源"部分以获取这方面的信息）。在波士顿科学博物馆里，非常流行的"工程是基础"（Engineering Is Elementary，EiE）课程设计者已经为学前学校设计出微工程师课程，它将设计过程简化为三个关键步骤：探索、创造、改进(info.eie.org/wee-engineer)。

让我们回到图3.2来思考，这张图说明了像和面团这样的活动是如何能够被重新设想来支持科学探究的。当我们把这个想法介绍给老师们时，我们同时也指出这个经验能够将工程思维和问题解决包含进来。事实上，如图3.2所示，如果幼儿制作的混合物太湿或太干的话，这个问题的解决方案很有可能会自然出现。（这个现象的发生可以是任何原因导致的，但幼儿对配料的集体测量很有可能是问题的原因）那是一个问题。尽管那混合物依然很好玩，但却不是可被塑造、被定型的面团。因此，我们能做些什么来解决这个问题呢？你们和你们的儿童工程师可以提出不同的想法，然后在部分原始混合物上测试它们——也就是说，通过在一半中加入更多的面粉，在另一半中加入更多的盐。务必描述出结果，并判定问题是否已经解决以及是如何解决的。如果问题没有被解决，你们会再次尝试解决吗？这次你们将会做什么？

作为老师的你们，甚至可能在幼儿经历了如预期的那样将混合物和在一起之后，故意将配方弄错。他们能运用自己的知识来解决添加了两倍于配方所要求的水后出现的问题吗？这里的目标，正如你很可能已经发现的，与其说是为了和面团，不如说是为了给幼儿多种体验，让他们能联系科学探究和工程设计技能，创制一些有趣的东西来玩。这是一个放缓速度去寻找STEM存在于某物里的可能性的例子。而这在一桶桶商业性艺术黏土面前，幼儿只需要花十秒钟将其打开就能获得。幼儿同样有机会去创作雕塑，用饼干切割刀切割出形状，进行精细动作游戏。你们可以通过多种方式丰富幼儿的活动经验，让他们参与探究、运用问题解决技能，以及当他们计算和测量成分需要用到数学，阅读说明性（操作）文本来指导他们创作时需要读写能力。截止到目前，你们已经明白了工程是与STEM其他学科相互联系的，同时，我们也坚定地认为工程同样可以支持许多其他领域的学习和发展，诸如语言、读写能力和艺术。事实上，这是工程学的重要思想之一。

四、支持工程学习者的奇思妙想

1. 我们都可以像工程师一样创造性地思考,解决实际问题

也许你们从未把自己想象成一名工程师,但是我们还是可以肯定,你们可以用非常有趣的方式来创造性地思考问题和解决问题。毕竟,你们是(或者很快就会成为)学前教师。众所周知,学前教师是能够利用有限的资源来发挥创造力的!想象一下,有时你必须要拧紧螺丝,但却没有螺丝刀。你放弃了吗?很有可能没有。你很有可能用一把餐刀来代替。也许你们裤子的线脚开了,没有时间缝补怎么办?双面胶可以派上用场。我们创造性地思考,来寻找方法。幼儿也会这样做。

我(金伯莉·布伦尼曼)非常喜欢的一个研究发现是,在特定情境下,幼儿能够比年龄更大的孩子(和成人)更快地解决问题。两位研究者(German & Defeyter, 2000)用铅笔写下一些东西(或者按照惯常的方式用另外一样工具),开始了他们与研究参与者之间的对话。然而事实上他们都没有留意到这件事情。他们只是用到了铅笔。稍后,他们向参与者们提出了一个问题:有一个玩具被卡在了一根透明的塑料管里。怎么做可以把玩具取出来?铅笔就被放在桌子上。不到6岁的幼儿拿起桌上的铅笔将玩具从管子里推出来。年龄大一点的孩子也是这样做的,但是他们花费了更多的时间才想到这个解决办法。为什么?研究者认为,年龄较大的孩子会受已有知识的影响,固化对铅笔是用来写字之功能的认识,尤其是在看到研究者以这种方式使用铅笔以后。但幼儿却不会。他们将铅笔看作一种细长的可以用来推动物体的东西。也就是说,他们更少考虑铅笔是为什么目的而被设计的,更多考虑的是其特征与自己手头将要解决的问题之间的联系。

2. 失败即新的成功

诚如我们在第二章所述,开展 STEM 教育的一个重要策略或方法与失

败有关。我们中的一位（金伯莉·布伦尼曼）开玩笑说："失败即新的成功。"在她看来，失败可被誉为成功解决问题的关键。失败不应该被隐藏，而应该被讨论和学习。找到失败的地方，并试图找出失败的原因，是迈向成功的一大步。当我们将失败作为学习的关键时，它就失去了"我没有"或"我不能"这些螯针，而成为走向"我还没有，但是我将会做到"的珍贵一步。

如果你一直在阅读并了解成长心理方面的书籍和知识（Carol Dweck，2006）以及学习方法（诸如坚持）的话，你可能会觉得这个说法很熟悉。我们希望幼儿成为能够面对"失败"现实、坚持解决问题的学习者，他们可以不视成功为一种内在品质（"他很聪明；这就是他能够解答那道数学问题的原因。"），而是视其为一个人可以通过努力和坚持去实现的东西（"那是一道很难的数学题，但是他一直在试图解答，他最终成功了！"）。工程学习经验看起来正好是这样一种学习经验，即它能够引导幼儿既认识到学习之关键在于"再试一次"，又能认识到最终的成功也在于"再试一次"。

我们，作为成人，需要注意用我们自己的语言传递这个信息。研究明确表明，专注于将成功作为源于一种内在的、固定的、特质的东西，比如聪明，不仅对儿童没有帮助，而且还会导致他们停止接受有助于他们学习和成长的挑战。相反，我们可以运用表扬来评价幼儿面对挑战时表现出的努力和耐力。工程活动——以及其他 STEM 活动——为这样做提供了自然机会。我们也注意到了，当幼儿在科学探究期间做出预测和测试时，他们和成人都会很自然地说："我们的预测是对的。"在这里我们再一次将注意力放在不只是关注正确性上，而是聚焦于思考幼儿做出了明智的预测，若有必要，如当证据与预测出现不符现象时，我们还会思考幼儿现在可能会修正自己想法的方法。与幼儿做出了一个合理的预测和运用科学实践学习新事物相比，预测是"正确的"并不重要。

3. 工程在多个学习和发展领域建构技能与知识

除了提供强化成长思维的机会并促进积极学习的方法之外，工程经验还涉及许多其他学习领域。本章开头引用的那段话清楚地表明，当搭建建筑物和设计解决办法的时候,幼儿会与其他的 STEM 学科建立联系。和面团的案例同样表明参与到 STEM 中是如何自然地支持并需要其他技能和学习领域的。与科学一样,工程经验也与读写能力、语言发展和艺术相联系。例如,成人可能会读诸如《露丝·里维尔,工程师》(*Rosie Revere, Engineer*)或《最伟大的事情》(*The Most Magnificent Thing*)(参阅后文的"与儿童分享的书籍"部分)之类的童书,来鼓励年幼的工程师们。幼儿能够为建筑写出或画出自己的计划,或者,如果有难度的话,他们可能还会获得专业人员使用的计划(如蓝图)。成人可以为幼儿提供一些简单的、他们可以试着搭建的建筑物蓝图。幼儿也可以画出或拍下他们所搭建的建筑物,这些绘画和照片既可作为成功搭建出建筑的记录,又可作为自己或自己朋友们用来再次搭建这个建筑的一个计划。同样的方法可以用于计划其他类型的解决方案或工具原型,或者记录成功的解决方案。

工程也可以与计算机科学和编码联系起来。尽管我们在这里并没有深入地讨论这些方法,幼儿还是可以成功地参与到设计和建造机器人及其他可以被编程来执行命令的体系。塔弗茨大学的发展技术实验室已经在经验层面开展此项研究。(网址:tufts.edu/devtech/research-2/kibo-robot)

4. 工程需要合作

工程师和科学家给人的一种刻板印象是,他们不合群,工作独立,可能是最不善于社交的群体。然而,科学和工程,是离不开合作的。团队合作一起解决问题;不同人的想法必须清楚地解释给别人,别人则需要耐心地倾听,权衡是否可以作为潜在的解决方案(至少在理论上是这样的);与别人一起分享成功的解决方案,这样他们也能够学习和运用新的解决方案来解决问题。这些技能都是非常重要的社会-情感技能,也是工程学习与其他学习和发展领域联系起来的一个例子。

幼儿可能会很自然地自己提出这样的合作性设计。回忆一下我们小时候,那时我们和朋友、兄弟姐妹一起创制毯子、桌上堡垒,或是在起居室设置障碍跑道,这样我们就可以在不接触地板的情况下穿越整个房间。教师也可以用团体项目来鼓励合作:你们能一起合作创制一部电梯把玩偶从一楼送到二楼吗?这个班能创建一个管道系统来把水输送到花园里吗?他们能够想出一个系统来阻止弹珠滚动并在建造坡道和通道时避开障碍区吗?这些问题想法可以形成源自幼儿日常生活和游戏需要的合作。我们想把工程活动建立在幼儿已经知道的和对他们来说是真实问题的基础之上,并一直注意寻找机会将真实的问题融入课堂中。

然而,你们不必等待这些机会。你们将会在下文看到,我们有一些将工程思维融入你可能会参与的园艺活动中去的想法。

五、试试看

1. 我需要知道什么

探讨本章工程的"试试看"这部分内容实际上不需要很多背景性的概念知识。它可能需要的是打开你们的思维,以不同的方式来思考那些司空见惯的日常物品和工具,当你们运用创造性思维去设计它们,调动自己的创造力思考运用这些物品的新方法时,是非常有意思的!你会发现自己一直处于辨识日常生活中"可工程的"时刻。

◎ 创造性链接

工程需要创造力。在这方面,它具有艺术的很多特征。工程师和艺术家都关注物体并思考以新的方式来利用它们。如果你曾学过心理学入门课程,你就会想起功能固着这个概念,即一旦你知道了某个东西的用途,就会很难看到它的其他用途。那就是为什么人们会把铅笔仅仅看作书写工具,而不会将其看作一种又长又细又硬的工具的原因。但是我们那些参与减少、重新利用和循环利用的人需要灵活考虑可重新利用部分。我们也可以帮助幼儿这样做!在我(金伯莉·布伦尼曼)儿子的学前课堂上,幼儿利用可回收物品来制作玩具和玩游戏。塑料饮料瓶能够变成保龄球瓶，扣子能够被作为游戏零件。我们一起合作过的幼儿（作为共同开发《4域联结学习学前课程》的成员）利用水瓶制作珊瑚礁生物以及用纸和塑料碎片制成海葵。为了促进创造性思维的发展，你也许可以给幼儿引介一些再造物品的网络照片（搜索"作为艺术的再造物品"）。要求他们描述出自己在每件艺术品中看到的物品。当我们搜索时，我们看到有用叉子做腿、易拉罐做身体，甚至用旧摄像头做头的动物塑像。然后，让幼儿带着成堆的"物品"去创制昆虫模型、游戏、桥梁，不管他们想要什么，有设计想法的脑袋都能构想出来。（有一本讲述以创造性方式重复利用和重新改造的故事书是西姆斯·塔贝克[Simms Taback]著的《约瑟夫有件小外套》[*Joseph Had a Little Overcoat*]）。

你们会记得，《下一代科学教育标准》既包括工程实践以及科学实践，又描述贯穿所有科学和工程领域的跨学科概念。正如我们在第三章所提到的那样，《下一代科学教育标准》概述了从幼儿园到小学二年级儿童应该探索的具体概念，以及需要准备学习的生命科学、地理与空间科学和物理科学。这些学科的核心思想（即各科学学科中的主要观点）同样包括第四类：工程、技术和应用科学。对于幼儿园至小学二年级的儿童来说，重点在于工程设计。（有关详细信息，参见 www.nextgenscience.org/dci-arrangement/k-2-ests1-engineering-design.）引用《下一代科学教育标准》中关于幼儿园至小学二年级阶段的规定。

展示理解能力的学生可以：

- 提出问题，进行观察，并搜集关于人们想要改变现状的信息，用以定义一个简单的问题，该问题可以通过改进一种新的或者被改造过的物品抑或工具来解决。
- 绘制一张简单的草图、图形或物理模型，用以说明一个物体的造型，有助于它在解决特定问题时发挥作用。
- 分析旨在为解决同一问题而设计的两个对象的测试数据，用以比较两个对象表现出来的优缺点。

超级策略（一）

想象一下，你们班的幼儿正在街区以外的地方为动物玩偶建造一个谷仓。你们注意到他们把门口建得非常开阔，从而无法把动物们关在里面或集中关在一起。这时你们可能会说："我注意到你们谷仓门是敞开的。也许你们应该搭建一个栅栏来防止动物们四处乱跑。"或者你们可以提出一个富有启发性的问题："你们已经完成了一些很棒的建筑。然而我想知道的是，你们认为动物会从谷仓里走出来吗？我们应该怎样来保证它们的安全？""也许你们应该"的陈述表明，成人已经思考并想到了一种解决办法。教师通过询问一个恰到好处的问题，为幼儿提供了思考解决问题办法的机会，支持工程思维习惯。你们可能会想起第二章中提到的这个策略。

超级策略（二）

我们屡试不爽的技巧之一就是告诉幼儿，我们通常用来解决问题或完成任务的工具不见了。他们能够想出其他办法来解决那个问题或完成那项任务吗？例如，回忆一段插曲，教师告诉他们班的幼儿，画笔不见了。她为幼儿提供了其他东西来尝试画画和进行艺术创作。幼儿喜欢探索这些其他的工具（诸如贝壳、刷子、棉签），并指出他们是怎样涂抹颜料以及它们与画笔相比是如何发挥（或不发挥）作用的。如果不提供替代工具，而是鼓励幼儿去创制自己的刷子或工具来绘画，这可能会成为更大的设计挑战。（用什么来做手柄？什么东西可以用来做刷子？我们如何将这两件东西联系起来？）

超级策略（三）

另一个吸引人的技巧是假装你将使用一种对某个特定问题不起作用的

工具。你可以建议幼儿用漏勺盛谷物和牛奶,或者用球体来造塔。《4域联结学习课程》(*Connect 4 Learning Curriculum*),金伯莉·布伦尼曼是该书的合著者之一,她就经常这样对事物充满"困惑",以此来作为增进幼儿知识和想法的方法(见 www.c4lcurriculum.com)。这种方法——邀请幼儿成为富有知识的人,分享他们所知道的知识——是非常有吸引力的。幼儿喜欢以有益的方式来纠正你或别人。当他们尝试解释你的方法为什么不奏效以及更好的方法是什么时,他们使自己关于工具结构和功能的知识变得清晰起来。我们理所当然地认为那是肤浅的形式和功能,能够帮助幼儿不仅仅局限于认知哪种工具能够被用来解决特定的任务,而是能够使他们思考、理解并解释为什么一样工具能够用来完成一项既定的任务。

我们可以看看这些标准,思考哪些类型的学习经验可以使一个幼儿来做出这些思考,并参与到诸如提出问题、做出观察、收集信息、创作绘画或模型、比较等实践中来,以此作为一种让他们在小学早期及以后充分而积极参与的方式。

2. 活动案例:它能盛水吗

这一系列学习经验摘引自齐泊乐·罗斯和克里斯汀·梅西(Zipora Roth & Christine Massey,1999)著作中开展的一个活动。为了引介这些学习经验,我们告诉幼儿我们遇到了一个问题:我们的植物需要浇水,但是喷壶找不到了。当他们参与到这个活动中来的时候,幼儿对物品的特性进行推理,这些特性决定了它是否适合用来盛水和浇水。他们利用这个信息来解决问题。

学习目标

- 描述不同物品和工具可以做的工作
- 描述物品的外形、材质和类型与其所能做的工作之间的关系
- 利用物品和材料的属性来做出预测或解决问题

需要的材料

- 收集一系列可以用来盛水但一般不会用来浇水的物品，这些物品应该大小不同和材质多样，比如一个空罐子、没有衬里的橡胶靴、茶壶等
- 收集一系列不能盛水的物品，其中有一些的形状要跟碗一样（大小不同和材质多样），诸如一个纸质咖啡过滤器、滤器和柳条篮子
- 用来分类物品和盛水的两个托盘与毛巾
- 水（从水槽或大桶里取来的）
- 植物（种在教室里的或者是你们带到教室里来的）

会用到的词汇（英语和西班牙语）

- 水——water——*el agua*
- 浇水壶——watering can——*la regadera*
- 容器（盛水的）——container（for water）——*el recipiente*
- 问题——problem——*el problema*
- 描述——describe——*describir*
- 探索——explore——*explorar*
- 形状——shape——*la forma*
- 材料——material——*el material*
- 类型——form——*la forma*
- 功能——function——*la functión*

活动过程

以下学习经验是为小组幼儿设计的，可以持续开展很多天。

经验 1：引入问题和进行观察

（1）你们可以请整个小组向全班介绍这个问题："我们需要给我们种的植物浇水，但是浇水壶找不到了。我们可以用其他什么东西来把水从水槽运送给植物呢？"

（2）向幼儿展示不同的物品，说出它们的名字，并且让幼儿知道，不管在上课时间、工作时间，还是自由选择的时间，他们都可以在玩水桌台探索这些物品。提问："我想知道，这些物品中有哪些是我们可以用来替代浇水壶的？"

(3)在玩水桌台旁,鼓励幼儿密切观察所提供的物品并描述出它们(它们的形状以及是用什么材料制成的)。观察幼儿并向他们提问,询问他们是否留意到并能否描述出每一个物品中所盛的水正在发生什么。

经验2:探索和预测

(1)准备一张表格(一栏写着"否",另外的一栏写着"是",还有一个可视化的一个盛着水、一个没有盛水的线索),也可以用两个托盘或铁环(如图5.2)来分类。与一小组幼儿一起,向他们解释我们将继续探索昨天开始探索的物品,将它们分为两类。向他们展示托盘、表格或图表。

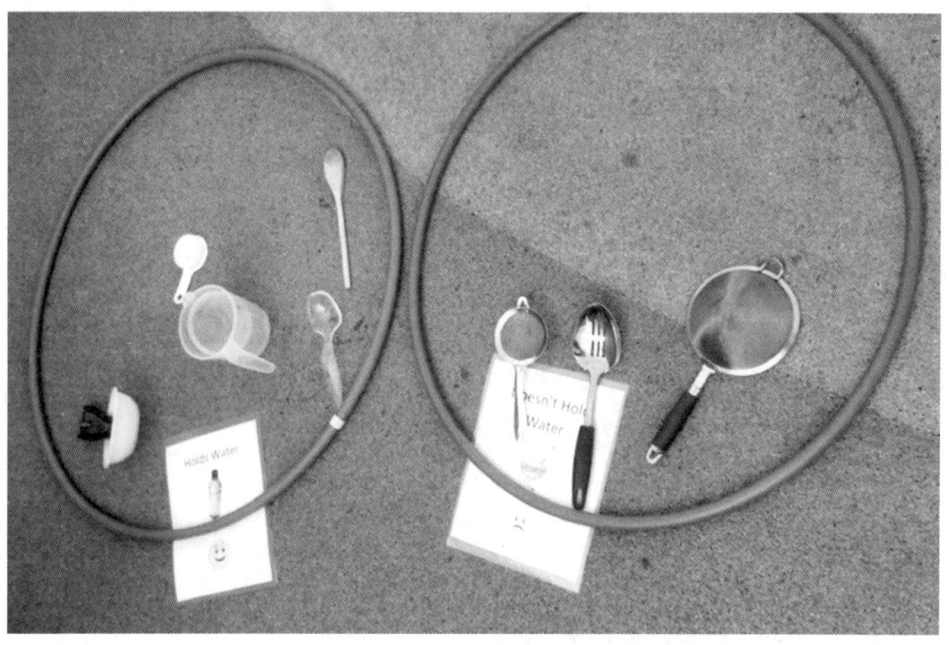

图5.2 视觉组织物——可盛水和不可盛水的物品

(2)允许幼儿去探索物品并合作将其分为两类:"是——能盛水"和"否——不能盛水"。

(3)复查两个托盘里的所有物品,要求幼儿解释将它们这样分类的原因,说说物品的哪些特征使他们认为该物品能够盛水或不能盛水。

（4）允许幼儿测试自己的想法。做好幼儿会把水洒出来的准备！

（5）记录你们探索的结果（用另一张表格记录"结果"或再次使用托盘或铁环）。

（6）将预测与结果进行比较。是否有物品"戏弄"了你们，结果证明它居然是可以（或不可以）盛水的？

经验3：运送水

（1）将植物放在室内离小组幼儿聚集地较远的地方，或放到户外活动场去。

（2）一个喷水壶不仅可以盛水，它还便于将水运送到一段距离之外的地方。同时，它可以一次性运送足够多的水，这样就无须一再到水源地取水了。在另外一组幼儿中，重新查看他们的结果记录表。仅仅利用"可以盛水"的物品，问幼儿认为哪一些物品最适合给植物运送水？他们为什么会这样认为？哪一些物品他们不会用来运水？为什么不会？

（3）允许幼儿对自己想要测试的物品进行测试，记录下来哪些能够很便利地运水和浇水。

（4）重新检查每一样物品。它是否适合运水来浇灌植物？为什么能或者为什么不能？它能盛很多水吗？它能很容易地把水倒出来吗？浇水的时候水会溢出来吗？

（5）你们可以与全班幼儿一起审查，允许幼儿报告自己的经验和发现。

3. 确认理解——演示给我看看

幼儿理解了一个好的盛水容器所具有的特征吗？为了确认，可以这样提问幼儿："这个容器底部有一个洞（或很多洞）。它适合用来盛水吗？"或者"这个容器盛不了水。你认为这是为什么呢？"

幼儿注意到容器的容量决定了其盛水量吗？为了确认，可以这样说："指指看哪个容器能盛更多的水。"幼儿理解容器的大小与其适合某种工作的相关性吗？可以说："玻璃杯和玻璃瓶都能盛水。你会选哪一个来给植物运送水呢？告诉我为什么。"

六、实践聚焦

在一个小组展开讨论时，凯西（Kathy）向他们提出了一个问题："我们暖房的水龙头坏了，但是我们需要给植物浇水。我们该怎么办？我们怎样做才能在那里取到水？"幼儿有很多主意，包括从教室水槽处取水，用一个水壶，从教室里的戏剧厨房用杯子运水，用他们装麦片的塑料容器，用一个水桶等。在工程设计日志上画出他们的问题并提出解决方案之后，幼儿收集了他们认为可行的物品，凯西又在此基础上补充了其他有趣的物品来加强他们的批判性思维：一个泡沫塑料托盘、一只塑料罐（底部有洞的）、一根滴管以及一块硬纸板。

凯西让幼儿证明自己解决问题的选择是正确的。一个幼儿选择了一个桶，"因为你可以放水进去，水也不会从里面漏出来。"另一个幼儿赞同道："没有洞的容器就是好容器。"凯西也问幼儿为什么不选择滴管作为解决问题的工具。一位幼儿指出它可以发挥作用，但是另一位幼儿说："不对。只能提供一点点水是不能解决问题的。"还有一位幼儿反驳道："植物只需要一点点水就够了。"凯西没有在口头上表态。相反，她向幼儿展示一张需要浇水的植物的照片，以此提醒他们问题的范围。这就导向了这样结果："这个（滴管）不足以用来给这么多植物浇水，因为它能够运载的水太少了。"对泡沫塑料托盘的讨论揭示了类似细微的关于结构和功能的思维差别："水会滴到楼梯上去的。""它会摇晃起来。""它将变得倾斜起来的。"

第二天，孩子们制作了一张表格，记录他们对"好"和"不好"容器的预测，并开始在教室里测试他们的解决方案。他们发现其中的一部分包括：一个塑料花盆不能用来浇水"因为它有洞"；泡沫塑料托盘只能装一点点水，而且端着它的人需要小心翼翼地保持平衡；一位预测纸板盒可以盛水的幼儿发现，虽然"它能够盛一点点水",但是"它无法用来浇水,因为它这里有洞(盒子折叠处的缝隙)"。然后,凯西接着推进了重要一步,将幼儿集体带回原处,让他们根据自己的观察和测试概括结论,要求他们思考一个好的容器的特征,诸如"有长长的边"(从幼儿的角度展示高的侧面),以及一个不好的容器的特征,提问幼儿:"它应该有洞吗?"幼儿响亮地回答:"不!!!"

　　第三天,凯西要求幼儿思考他们现在喜欢的容器——碗、桶和瓶子。他们会认为哪个最好用呢?经过一番讨论和测试判断出哪些容器能装最多的水,幼儿决定通过用瓶子和桶将水运送到温室来测试它们。很快,他们发现水会从桶里而不是瓶子里流出来。他们还发现,桶很重,并且当他们试着给西红柿(种在凸起的苗圃里,齐胸高)浇水时,桶很难提起来,很多水也会洒出来。从温室回来,他们总结并认为瓶子更适合他们用来浇水。(如图 5.3)

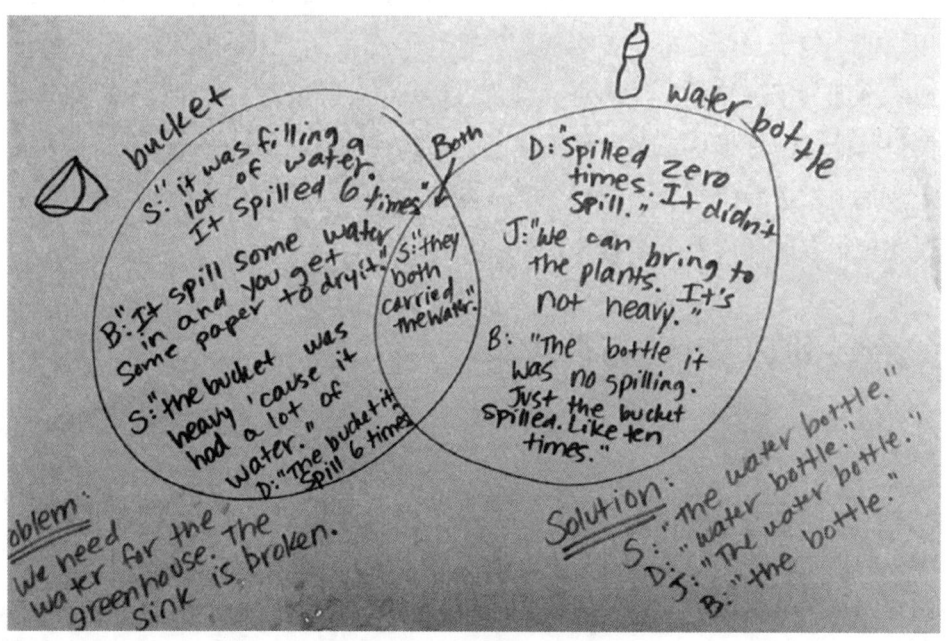

图 5.3　来自温室问题解决经历中的发现

七、延伸探索

装盛和运送其他物质。鼓励幼儿将他们所知道的关于什么是好容器的知识迁移到其他情境和物质上去。例如,我们需要把土运到学校花园里去。什么样的容器便于装土和运土呢?鹅卵石还是碎石子呢?这些容器与那些便于装盛和运送水的容器相似吗?鹅卵石是一种可以思考的很有趣的物质,因为一个有很多小洞的容器——如过滤器或柳条篮子——是用来装盛和运送它们的好工具。在此案例中,预测和测试有助于幼儿思考关于某个物体不只是个好的容器或坏的容器的观点。一个容器是否有用取决于它所需要盛装的东西是什么。

勺子是什么? 花园中的另一个挑战可能是把土装进袋子里或者是把一堆垃圾装进容器里。幼儿能够找到一种快速而简便的方法将其装进容器里吗?当你们正与幼儿一起种植的时候,试试用不同的工具来挖土或舀土吧。用一把小勺子工作起来是怎么样的?换作一把叉子、一把铲子、一把小铲子或一个大勺子怎么样?他们是否预测过哪种工具将会很有效地将土装进容器里?能够很好地(或不好)用来运土的工具有哪些特征?例如,铲子太大而无法把土铲进一个小花盆;土从叉子的齿缝中掉下来;小勺子虽然管用,但是要花费**很多时间**以及要舀**很多次**!

八、带回家……再带回来

以下内容是为参与班级工程实践的家庭提供的建议:

- 你们班级的家长中也许有一些园艺爱好者。与这些家长交流或者给家长们寄一张便条,询问他们是否愿意与幼儿一起参与到园艺活动中来,以及他们是否有能够分享的专业技能。也许他们在窗外种了一些香草,在社区里照料花园里的花,或者在农场长大。
- 邀请家长们像上文所提到的那些幼儿一样,参与到园艺科学和工程经验中来,分享他们在家里、在工作中或在社区里用来种植和照料植物的工具。如果他们无法来学校,也许他们可以分享一张照片或请自己的孩子画下他们在家里或花园里的工作情形,让孩子带到学校与同学们一起分享,如搜集落叶、拔草、使用喷壶、(成人)使用修枝剪等。

- 在教室的墙壁上粘贴照片或图表,分享你们所开展活动的记录。鼓励幼儿与自己的家长交谈照片或图表及其内容。
- 你们可以邀请家长们送一样他们认为能够盛水的工具或一件幼儿在教室里无法用来测试的工具到学校来。如果是一件可以放在教室里的工具,将其添置到玩水桌台供幼儿玩耍和探索。

附:更多重要的 STEM 资料

1. 与儿童分享的书籍

- 巴尼·萨尔茨堡 《美丽的哎哟》
Beautiful Oops by Barney Saltzberg
- 艾莉森·奥赫 《园艺工具》
Garden Tools by Alison Auch
- 伊内兹·辛德 《园艺工具》
Gardening Tools by Inez Snyder
- 罗伯特·伊·威尔士(介绍简便机械) 《怎样举起一头狮子》
How to Lift a Lion by Robert E. Wells
- 阿什利·思拜尔斯 《最伟大的事情》
The Most Magnificent Thing by Ashley Spires
- 安托瓦内特·波尔蒂 《不只是个盒子》
Not a Box by Antoinette Portis
- 安德里亚·贝蒂 《罗斯·里维尔,工程师》
Rosie Revere, Engineer by Andrea Beaty
- 玛丽·舒赫 《花园工具》

Tools for the Garden by Mari Schuh

2. 推荐给成人的书籍

- 安吉拉·埃克霍夫 《幼儿工程与技术领域的创造性研究》

Creative Investigations in Early Engineering & Technology by Angela Eckhoff

- 雪莉·康斯尔、劳伦斯·埃斯卡拉达、罗斯玛丽·盖肯、梅丽莎·桑达、吉尔·乌伦贝格、索尼娅·尤什卡瓦等 《与幼儿一起的STEM学习：坡道和通道的研究性教学》

STEM Learning with Young Children：Inquiry Teaching with Ramps and Pathways by Shelly Counsel, Lawrence Escalada, Rosemary Geiken, Melissa Sander, Jill Uhlenberg, Beth Van Meeteren, Sonia Youshikawa, and Betty Zan

3. 网络资源

- 坡道与道路：regentsctr.uni.edu/ramps-pathways
- 波士顿科学博物馆的微工程师：info.eie.org/wee-engineer
- PBS 儿童游戏：pbskids.org/games/engineering/
- PBS 儿童活动：pbskids. org/sid//parentsteachers/activitiesIndex.html（scroll down for Engineering and Technology ideas and for Simple Machines ideas）
- 伊利诺伊州早期学习计划：illinoisearlylearning.org/resources/pa/project-guides/（scroll down for projects and plans for exploring doors and gates, wheels, and things to sit on）
- 通过综合科学与工程学做好准备：rise.as.tufts.edu

思 考

1. 如果你是一位一线老师,你之前有给幼儿设计过工程学习经历吗?如果没有,本章内容是否促使你对已经做过的某些事情进行改变或调适,以便使它们能够支持幼儿关于工程和技术的想法?如果你已经参与到工程学习经历之中,你将怎样拓展已做的事情来挑战自己以及(或者)所教的幼儿,从而更多地参与到工程过程之中或在一种新的背景下开展工程学习?

2. 本章中的哪些策略是你非常想要与幼儿一起尝试的?你认为你所教的幼儿将会作出怎样的反应?他们将会学习什么?

3. 回忆一下自己的童年。你是否记得曾经某段时间里你对某件东西的功能非常感兴趣?对于那些新的、有意思的物品,你会带到班上,激发幼儿对其结构和功能展开探索吗?你可能会带来一件陌生而神秘的物品(诸如一件不常用的厨房、缝纫或园艺工具),要求幼儿思考这些物品的

图5.4 探析里面的东西

功能和用途。他们能够想出多少东西来?你能否将一件物品拆开以便了解更多的关于其内部的信息,就像图5.4中的幼儿一样?(我们在一个班级中拆开了一件旧的门把手和锁、发条玩具和一个旧电话。幼儿非常积极地思考并探索这些东西的内部构成,然后将自己的观察画下来。然而,温馨提醒诸位:有一位母亲报告说,她的孩子是如此备受鼓舞而要求用螺丝起子拆掉他们家的烟囱)

第六章

数　学

吃点心时,乔安(Juan)小心翼翼地将四根条形饼干放在餐巾上,使它们正好形成直角。饼干构成的直角之间存在空隙。他对老师说:"看,我摆了一个正方形!"老师问乔安:"你是怎么知道这是一个正方形的?"乔安用手指依次沿着每条边划过,挨个数出每条边,说道:"一个正方形有四条边,每条边都相等,有 4 个 L 形接触点,就是这样!"(乔安用自己的拇指和食指摆成 L 形来代表直角)马蒂(Maddie)看着餐巾上的饼干形状说:"是的,但是每条边都必须连接起来——不留缝隙。"因此乔安滑动四根条形饼干,使每个角之间都没有缝隙。(如图 6.1)

图 6.1　利用条形饼干摆出的形状

从这个小插曲中,我们能够知道乔安已知的知识是什么呢?他需要掌握什么数学知识来拼出一个正方形?同时,他对于数学还有哪些未知的知识呢?乔安和马蒂参与的是什么数学实践呢?教师利用了什么有效策略为幼儿建构元认知(思考他们自己的和别人的想法)、语言和数学提供关键帮助的呢?

一、学前数学是什么

数学是一个量化(例如,今天我们有 11 位朋友吃了点心)、分析(例如,我们需要多少杯条形饼干才能保证每位朋友都有一杯呢)和理解我们世界(例如,为什么我的杯子放不下所有的条形饼干呢)的系统。数学的内容包括诸如形状的名称和口算,但是也包括跨学科领域的处理,诸如比较(例如,哪个形状的边更多?哪条线更长)。在学前阶段,幼儿可以发展思维习惯,他们需要思考、讨论和做数学的自我实践。与科学一样,幼儿能够在幼儿园发展这些思维实践、过程和习惯,随着年龄的增长,这些都将为他们学习新的数学内容打下基础。然而,与科学不一样的是,在学前教育阶段结束时,我们能够确切而详尽地知道幼儿能够学习什么内容,以及他们显然能够做些什么。

国家研究委员会(National Research Council,2001)从五个相互交织、相互依存的方面捕捉到了能使幼儿精通数学的要素:

(1)**重视精确度**。精确意味着确切和正确。

(2)**程序流畅度**。程序流畅度意味着幼儿需要发展准确、快速、恰当、灵活地进行数学运算的能力。

(3)**策略能力**。当建立策略能力的时候,幼儿学习什么样的策略适合不同的数学内容,什么时候运用它们,以及怎样运用它们去解决问题。

(4)**概念理解**。幼儿的概念理解涉及概念、事实以及数学内容,正如下文"数学的内容是什么"部分所描述的。

（5）**高效处理**。一个拥有高效处理能力的幼儿：① 倾向于将数学视为一种有效的工具和系统，它是有意义的并能够帮助她或他；② 通常能够集中注意力、坚持不懈，并完成所需的数学步骤和思考。

幼儿在幼儿园能够建立起所有这些要素能力。研究证明，幼儿在幼儿园期间能完成数学教育和儿童发展领域专业人士所预期的更复杂的数学运算。那些拥有机会这样做的幼儿在以后更有可能表现出色。学前阶段末期，幼儿所知的和所能够做的，已为他们打下往后好几年的基础。

当幼儿在数1、2、3这些数字进行数学思考的时候，他们也正在建立超越于这些之外的技能方式，这些技能方式可以被迁移到并支持其他领域的学习。例如，数学是一个逻辑体系。学习数学的一部分就是学习规则（如，2个某物＋2个某物＝4个某物），进而能够将这些规则运用到其他情境和内容中（如，2只鸭子加2只鸭子等于4只鸭子，这就像2根条形饼干加2根条形饼干等于4根条形饼干，以及2根手指加2根手指等于4根手指一样）。幼儿知道如果2＋2＝4，那么4必然会比2大。此外，这种数学推理需要逻辑思维、认知灵活和模式检测。

这些其实都是非常伟大的想法。然而学前阶段适宜什么样的数学内容和过程呢？随着时间的推移，幼儿的数学知识和技能是怎样发展的呢？我们应该怎样支持幼儿的数学学习，才能使他们获得适宜发展，并增进他们的参与和兴趣呢？

 **不可不知**

研究发现，儿童在学前阶段做数学的方式，会密切影响到其小学三年级做数学的优良程度（Duncan et al., 2007），以及高中时期数学的程度（Watts et al., 2014）。令人惊奇的是，这还与他们的阅读能力相关。这种相关性比早期阅读与后期阅读之间的联系更强。为什么会那样呢？幼儿在学前期建立的什么能力会迁移到其他领域？研究者们依然在致力于梳理出确切的原因，但同时，我们可以带走这样一个关键信息：早期数学对以后的学业成就很重要，当我们提供专注于数学和早期读写能力的学习经验时，我们就是在帮助幼儿走向成功。

二、数学的内容是什么

数学中有许多与学前教育相关的独特内容。在上文所提到的条形饼干故事中,那个幼儿正在探索二维形状,特别是建构它们并讨论它们的属性。尽管不同州、课程和专业组织对幼儿数学内容的划分标准各不相同,但是幼儿数学专家普遍能就这个年龄段幼儿所应掌握的最重要和最有效的主要概念达成一致意见。这些主要概念包括数字、运算、几何、测量、代数和数据分析(NCTM,2000)。每一个主要概念领域都包含大量特殊而独立的能力和观念。例如,几何包括二维形状识别、形状组合与分解、空间意识与可视化,以及三维形状辨识等等。尽管我们在此不能将数学所有领域的知识和技能详尽列出,但表6.1中包括了一些幼儿可以达成的数学内容。他们已经在思考这些概念,教师可以引导他们,以帮助他们进一步发展。这些看起来像新的吗?(参阅下文的"延伸探索"部分,以获取一些重要的深入学前数学内容的资源)

表6.1 幼儿在幼儿园可以探索的数学概念与内容示例

词/短语	定义
数和运算	
感数	在不计数和不标识数字的情况下,幼儿能够快速识别集合中所有物品总数的能力
口头计数	口头上计算对象数量的过程
对象计数	计算对象数量的过程
出示	准确地在一组对象中放入或拿出指定数量对象的能力
减	从另外数字或一组对象中拿走一个数字或对象
数线估算	估算一个数字或几个数字在数线上的位置
加	增加一个数字或对象到另外的数字或对象中

续表

词/短语	定　　义
运算	对一个或多个数学对象执行的规则——例如数字——以产生另外一个数学对象；加法、减法、乘法和除法是四个基本的算数运算
数的组合/分解	将两个数字组合成新的更大数字的能力（组合），或者将一个数字分解为更小的数字的能力（分解）
数感	理解集合数量以及与该数量相关名称的能力
几何	
二维形状命名	说出二维形状名称的能力
二维形状建构	用部分准确建构二维形状的能力
三维形状命名	说出三维形状名称的能力
三维形状建构	从部分中准确建构三维形状的能力
形状组合/分解	将形状分解为更小形状的能力（分解），和将形状与其他形状一起组合成更大形状的能力（组合）
空间词	用来表示对象在空间中相应位置的词或短语，诸如邻近、在……之上、在……前面
空间推理	找出二维平面形状或三维立体形状如何组合在一起以创建新形状的能力
代数&数据分析	
分类	将具有某种共同特点的对象组合到一起
模式	重复的一个单元，如 AB、AB、AB
数据收集与分析	搜集代表某物的数字，展示并解释这些数字含义的能力
测量	
序数	用于表示队列中所处位置或一种次序而不是数量的数字，如第一、第二、第三
测量—长度	知道对象具有的长度属性并能够测量该属性
测量—重量	知道对象具有的重量属性并能够测量该属性
测量—体积	知道对象具有的体积属性并能够测量该属性
顺序排列	将对象按顺序排放的能力，如从矮到高
估算	不用计算或测量就能够对接近正确答案的数值进行猜测的能力

注：改引自以下资料：通用核心国家标准——数学；埃里克森早期数学合作研究所；日常数学词汇（everydaymath.uchicago.edu/teachers/TRM-Glossary-G4-6_correct.pdf）

三、数学过程是什么

尽管不同的内容领域在上文中以独立类别的形式呈现,但事实上,数学是相互联系的。内容的联系如在上文所提及的例子中,我们必须计算一个正方形的边(数),以确认它是否具有构成正方形(几何)的属性。另外,跨越数学内容领域的还有实践,特别是我们用来描述科学和工程的跨学科概念。根据国家数学教师委员会(NCTM,2000)的规定,数学有五个一般过程标准:问题解决、推理和验证、交流、联系和描述。国家研究委员会(National Research Council,2009)确定了与幼儿期相关的数学-特定过程,包括运用、组合与分解、相关与排序、估算、找图形和结构以及组织信息等。我们知道那是大量的术语!为了阐明每个术语的意思,表 6.2 开列并定义了幼儿能够获得发展和磨炼的每一个过程,当他们在幼儿园开展高质量的数学活动的时候。

表 6.2 关键数学过程

过　程	描　述
一般过程	
问题解决	问题解决本来就是一个目标——让幼儿学习如何解决问题。但这也是一种学习数学的方法。幼儿必须通过思考并挑战困难来学习数学法则,学会如何解决数学问题同样也是一项技能,幼儿应在他们的求学过程中不断使这项技能获得发展和进步。
推理与验证	数学推理是进行逻辑性思考和在新的情境中运用知识的能力。在幼儿园,幼儿的验证很可能是对解决方案的口头解释。"你是怎么知道点心桌上为每个人准备的碗正好够呢?""我数我的朋友们,就像这样,有六个。然后,我数碗,同样有六个。数目是一样的!"
交　流	数学交流是一种分享想法和澄清理解的方法。通过交流,想法便成为思考、提炼、讨论和修正的对象。当幼儿面临与别人口头上或书面上交流自己想法的挑战时,他们自己就能学会清晰、自信并恰切地运用数学语言。

续表

过　程	描　述
联　系	尽管数学通常被表现为多样而独立的内容领域,但是它却是一个互联系统。当幼儿开始发现数学各领域是如何联系的时,他们就能够了解并学到更多。(参阅下文的"注意寻找幼儿的复杂、抽象推理和思维的证据"部分,作为一个幼儿将数学和几何联系起来的例子)
描　述	数学中的这个核心概念是关于我们展示或呈现一个数学概念的方法。我们使用并需要这些来理解和弄明白数学现象。描述可以包括一个心理意象(看着房间里的一个空间来判断一个架子是否适合放在那里),利用像手指等来展示数字6,有两个三角形组成一个矩形的图画,或者一张投票图表。
特殊过程	
应　用	在数字、几何、空间意识和测量方面,幼儿必须找到或建立一个数学单位。例如,在测量方面,幼儿可以决定用来测量长度的单位是英寸(标准),还是蜡笔(非标准)。然后他们将从被测对象的一端到另一端重复所选的单位,接着计算所测的单位数。
组合和分解	在很多数学主题中,幼儿能够理解整体、部分及其关系的概念。他们能够明白一个直角三角形可以与另一个同样的直角三角形放在一起组成一个矩形(组合),同样的直角三角形可以被拆分为两个新的形状,两个更小的三角形(分解)。
相关和排列	幼儿在数量之间或者数量代替物之间建立联系和进行比较;他们能够将对象或数量代替物做出排列(例如,从小到大)。
判　断	幼儿能够在学前阶段开始发展出一种判断理解。他们能够判断罐子里的弹珠数量,与篮球筐的距离有多远,或者杯子里的鱼形饼干有多少。
找形状和结构并组织信息	幼儿可以通过腿的数量来分类动物,通过质地来分类岩石,通过是否有直角来分类形状,通过物体在水中的沉和浮来绘制图表分类。他们能够比较绳子的长度、条形饼干的数量以及不同玩具的重量等。

注:类别和描述引自NCTM(美国数学教师委员会)的数学标准(2000)和国家研究委员会的童年早期数学学习(2009)。

四、幼儿的数学是怎样发展的

在开始思考数学发展问题之前,请回答这个问题:幼儿会成功完成以下任务中的哪一个?为什么?

图 6.2　线框里有多少个苹果?

图 6.3　请从这些苹果中拿出三个给我

当幼儿正在出示三个苹果的集合(如图 6.3)时,他们还必须做什么?当他们在数三个苹果的集合(如图 6.2)时,他们不必做什么?在这两种情形中,他们都在研究与一对一关系和基数相关的计数精确化。然而,在第二幅图中,他们也需要知道什么时候停止计数并在脑海中记住目标数目。在计数发展的早期,幼儿可能会这样回应"给我三个"的请求:通过将集合中的所有对象都数一遍或只是一把抓(如果是比苹果更小的物品的话)。我们非常了解幼儿对数学的理解是如何随着时间的推移而发展的。道格·克莱曼特斯和朱莉·萨兰玛(Doug Clements & Julie Sarama,2014)已经为幼儿数学中的每一个伟大想法提出了详细的学习目标。了解数学想法是如何发展的能够为教师在这些方面提供指引,即如何识别作为个体的幼儿需要继续他们的数学成长和达到学习目标的教学支持和挑战。事实上,克莱曼特斯和萨兰玛是就幼儿的发展路径、数学终极目标以及教师为促进基于发展的生长所采取的特定支持方法等来定义学习轨迹的。简而言之,了解这些方法有助于教师回答诸如这些问题:"这个孩子目前知道些什么?他处于哪一思维水平?我怎样才能帮助这个孩子达到下一个思维水平(并朝着数学目标前进)?"在上文的条形饼干的案例中,乔安知道他需要多少条边来建构一个正方形(以及怎样数出它们),它们的长度应该一样,以及它们应该构成适当的角度。但是,他还不能证明他已经理解了一个正方形的所有属性,包括边与边之间构成的角落不能留有空间。我们可以设计出往前推进的经验,让他有机会重新审视那些属性。

学习轨迹也支持这样的观点,即先学一些数学技能是很重要的且是基础性的。如果还不知道基数(集合中最后被数到的数字即表明有多少)的话,乔安会怎样数出正方形的边数呢?(更多的关于幼儿数学内容、教学、发展和相关资源的信息,参阅下文"更多重要的 STEM 资料"部分)

五、支持数学学习者的奇思妙想

以下是一些当给幼儿教数学时可牢记在心的伟大想法,它们包括教育策略和教学方法。

1. 回顾并重温概念

当我们一再重温同一个概念时,幼儿更有可能去学习数学。与我们仅经历过一次相比,当我们多次听到和多次做时,我们更可能记住它们。

◯ 创造性链接

表 6.2 中的关键数学过程是否看起来很熟悉?当幼儿在做高质量科学活动的时候,在丰富的数学经验、过程和实践为特征的活动过程之间,

会产生很多重叠。当幼儿正在探索高度(长度测量)的时候,数学与科学中的实践和过程会被怎样运用呢?当幼儿随着时间的流逝而成长(生命科学)时,它们又会发生怎样的变化?

当同一个概念在不同的情境中重新出现时,以及当幼儿必须将其所学运用到新的情境中时,学习甚至会更加有效。(National Research Council, 2000)幼儿可以看到数学的潜在结构,就像他们在不同环境中看到的结构一样。数学概念都是独立于环境的,此即意味着数学可以被作为任何话题或主题来研究。例如,一位正在课堂上研究交通工具的教师,可以这样做来增长幼儿的学习经验:在计算一辆小汽车有多少个轮子的背景下,使幼儿专注于数小的数字并进行加法(运算)。如果一辆小汽车的前面有两个轮子,后面有两个轮子(或者两个在左边,两个在右边),那么这辆小汽车一共有多少个轮子?另外,要保证幼儿有机会处理相同数量的许多种不同表现形式。表现形式可以是点、标签,或者是诸如轮子或条形饼干这样的对象。正方形有多少条边?让我们一起来数出搭好正方形的四根条形饼干吧(如图6.4)。

图6.4 学前教师林(Lynn)帮助
　　　幼儿数出四根条形饼干

2. 运用发展轨迹来指导学习

正如上文所述，当我们理解了幼儿的数学学习轨迹并知道每个幼儿所知的内容时，就可以更好地支持他们。就在她转到 2 之前，卡利俄珀（Calliope）开始用不同的数词来计数。她开始说："我想要 1、2、3 块饼干。"而不是说："我想要饼干。"这说明了在她的数学思维发展过程中发生了一个变化。

◎ 创造性链接

思考车轮数量可能会是一个进入工程设计挑战的过渡。为什么一辆小汽车通常有四个车轮？如果一辆小汽车只有两个车轮会发生什么事情？我们可以设计一种只有三个车轮的、牢固的交通工具（比如，我们教室里的玩具马车）吗？

她开始注意到这些词是与数量相关的。尽管她还没有正确地将数字指定到对应的对象上（一对一关联以便 1、2、3 块饼干实际意味着一组三块饼干），但是很明显，她已经开始明了这样一个问题，即我们"为什么"和是"怎么样"使用数量词语的。然后，我们开始与她一起同时数出一块饼干，这样她就可以开始建立一对一的关联了。

3. 让幼儿自己做数学

鼓励幼儿建立理解、去推理，并自己去寻找不同的解决办法。近些年来，数学教育已经发生了巨大转变，更加注重幼儿**积极**建构自己的数学知识，而非死记硬背。一般而言，确实应该给幼儿提供实际可操作的具体材料，但他们也需要**亲身做**数学。当探索水的容积的时候，与我们一起合作的一位教师发现，与她在全班幼儿面前做演示相比，让幼儿做倾倒和探索能够更好地引致关键容积词汇的记忆。对她而言，这是一次艰难的转变，因为她担心课堂上会发生混乱，但是她愿意尝试挑战。一旦她做了，她就能够看到当她放松掌控后带给学生们的益处，他们能够获得更多的词汇量和更牢固的理解。

超级策略

我们在与教育工作者的职业发展工作坊里，使用了一种识数活动，鼓励参与者（即后续将要在自己教室里与幼儿一起尝试的）掷骰子并用与骰子点数一致的积木数量来搭建建筑物。幼儿可以担任不同的角色，可以是掷骰子的人，也可以是记录者（记录点数或者与所掷点数相应的数字符号），其他幼儿则为建筑者。假想有一个叫本（Ben）的幼儿，承担的是建筑者角色，他放置了六块积木，而不是骰子指示的五块积木。教师可以说，"本，你能告诉我，我们正在用积木和骰子做什么吗？"本可以重新说一遍骰子指示的点数。教师可以要求他重新说一遍骰子所示的数字，然后问他，"本，你的建筑物有五块积木吗？你可以怎样做来确认有五块积木呢？你说你有六块而不是五块……你能做些什么来修正它呢？"与此相反，一位教师却说道："本，你有六块积木，拿掉一块。"面对同样的情境，这两种回应之间的区别是什么呢？在第一种情况下，本能够发展出哪些在第二种情况下无法发展的能力呢？（我们发现，当教师提出的疑问能够激发他们去重新关注某一问题时，幼儿经常能够认识到自己的错误）

4. 要求幼儿讨论自己的数学想法，并塑造数学语言

研究表明，当教师使用并引出数学词汇（例如菱形、角、测量），以及当教师要求幼儿讨论自己的数学思维时，幼儿的语言和数学就会受益。(Sarama, Lange, Clements, & Wolfe, 2012)幼儿能够也应该学习适宜的数学术语以便为后续学习奠定一个精准基础。例如，一个球不是一个圆——它是一个球体！我们可以鼓励幼儿来解释他们是如何通过其边长而知道一个三角形是三角形的。这不仅要求它必须有三条边，而且它还必须要有三条互相交于三点（或角）的直边。我们成人运用越多和越丰富的数学语言与幼儿交流，幼儿就会学到更多的数学。我们可以将幼儿的世界数学化，并随之建立起幼儿的数学和语言。例如，当成人使用凸显设定规模的语言

时,诸如说"看那五只鸭子",而不是说"看那鸭子",幼儿的数学能力就被增强了。总之,亲手实践,用心感受,材料丰富,语言氛围浓,这些对于那些双语幼儿或需要额外语言支持的幼儿来说也同样是好的。换句话说,幼儿学习多种语言也会从那些考虑到其特殊需要的具体策略中获益。(参阅"动态区分"部分)

 动态区分

研究表明,当他们能够将母语运用到自己的知识和能力中时,双语学习者可以从其学习中获益。即使是那些非母语教师也能够从一个幼儿的相关主题(例如,esfera 是 sphere 的西班牙语;circulo 是 circle 的西班牙语)母语中学会一些关键词。教师能够用英语和西班牙语阅读上好的 STEM 书籍,像 *Actual Size* 及其西班牙语版本,由斯蒂芬·詹金斯(Steve Jenkins)著的 *Tamaño Real*,或者 *Mouse Shapes* 及其西班牙语版本,由艾伦·斯图·沃什(Ellen Stoll Walsh)著的 *Figuras y Ratones*。(如果教师不讲幼儿的母语,可以考虑让一个班的幼儿去拜访另一个教师能用这种母语讲或阅读的班、聘请助教,或者邀请一位家长来与幼儿一起阅读。你们可以建立一个小组同时用英语和西班牙语共读一本书。YouTube 也有可提供帮助的书籍阅读视频)

5. 留出时间和空间来关注数学内容

将幼儿所处环境数学化的机会在每一天中无时不有,在教室内外无处不在。例如,我们有这样一袋土,我们应该使用哪一种容器来将其运到外边去呢?这个容器是否有足够大的体积,或容量来装盛这么多的土?数学学习可以被整合到其他各种内容之中,诸如解决装盛水或土的问题。然而,研究表明,当幼儿也体验到特别针对数学的学习机会时,他们的数学学习效果最好。这可以是一小组幼儿集中在乐器演奏音乐中提取出 AAB 模式、一个为幼儿设置的练习其点数感的中心活动(就像那些他们在阅读唐纳德·克鲁斯[Donald Crews]所著的绘本《10 个小黑点》[*10 Black Dots*]中所发现的),或者在整个小组里,幼儿被要求在地毯上用身体摆出二维形状,并讨论三角形的属性。集中花在某一数学概念上的时间不一定要有固定的学习表。

6. 提供超越于计数和形状之外的数学概念学习机会

沿着这条思路,研究表明,幼儿在幼儿园里经历越多**不同类型的**数学概念,他们的数学就会越好。(Clements, Sarama, Spitler, Lange, & Wolfe, 2011)然而,我们也知道,当幼儿有机会在不同情境中重复接触一些数学概念时,他们取得的学习效果最好(如上文"回顾并重温概念"部分所述)。因此,如果我们需要提供深度和广度,那就意味着我们在数学上需要花费比在幼儿园通常所见情况下更多的时间。(一项研究发现,幼儿园通常只在一天的6小时里,花费57秒时间在数学上,虽然最近的一些研究表明花费在数学上的时间更多了)有关数学重要性的消息被传出来以后,促使教师为数学创造更多的时间。如果你现在正在开展教学,你是否特别集中关注数字呢?如果是的,你并不孤独!数字关系到——很多!但是为了培养幼儿更扎实的数学理解力,那就通过增加新的内容来挑战自己和他们吧!来自表6.1的这个主题对你而言是第一次见到吗?你可以尝试一个关于数感、数线估算、图形组合(或分解),或者抽象模式的活动。推动自己去丰富数学内容使其多样化,以此支持幼儿以新的方式去思考。(下文的"试试看"和"延伸探索"部分提供了一些活动想法,这些想法集中在几何思维和一些能为你的数学活动提供支持的高质量资源)

7. 密切留意幼儿复杂、抽象推理和思维的证据

吃早餐的时候,我(阿丽莎·兰格)的儿子维吉尔(Virgil),和我一起玩了关于计数和数字的游戏。他向我展示了他可以用自己手指拼出数字4的不同方法。我问他3加1等于几,他伸出了一只手的三根手指和另一只手的一根手指(数字组合)。他向我展示了他用自己手指摆出来的形状(如图6.5)。他说:"3加1等于4。看看是这样吗?"我问:"你是怎么知道的?"

他回答说:"我知道是因为他们看起来像角,如果不是这样的话,他们只会看起来像一个正方形,正方形有四个角,而这就是我正向你展示的东西。"他正在建立一种数字和几何概念之间的联系。确切地说,这次经历引起我注意的东西并不是因为他是我儿子,而是它表明一个只有4岁的幼儿具有认识抽象内容以及去推理、联系和交流关于数字和形状抽象而复杂想法的**潜力**。

图 6.5 幼儿演示 3+1=4

我想并不只有我们自己的孩子会带给我们这样的启发！在我们这的学前数学圈子里有一个众所周知而不可思议的案例（由科伯·金斯伯格[Herb Ginsburg]及其来自师范学院的团队首次与我们分享）。安娜（Anna）还不到 5 岁，她在纽约市一所为低收入地区群体服务的幼儿园上学。安娜被要求数出自己所能数到的数字。她一直数下去——哇哦，她就这样数着！——念唱出一个个数字直到数到 37、38、39……她停了下来，说道："3 后面是什么呢？哦，我知道了。4！41、42、43……"她就这样顺过去了。虽然她没有数出 40，但是她继续正确地从 41 数到了 50。安娜展示出了什么样的推理力？她是怎样理解数学的？

当安娜将 30—40 以内的数字与数字 3 联系起来，并用数字 4 找到接着 30—40 以内数字而来的 40—50 以内数字时，她向我们展示出她已然理解了 1 至 10 以及十位数数字之间的联系（十几、20—30、30—40、40—50 等）。看起来她已经认识了关于基于 10 位数数字结构的知识。我们成人也再一次为幼儿的推理能力感到惊奇。

我们也因我们肩负的**每一位**学习者的共同责任而感到谦卑——无关于性别、种族、信仰、语言能力、当前能力或移民身份——给予幼儿机会使他们以一种兴奋而有趣的方式去思考和讨论数学，并使他们能够为今后成功做好娴熟准备。我们憧憬着这样一个世界，即幼儿在这里不必通过死记硬背来从 1 数到 10，当他们看到这个系统是多么有意义以及它是如何帮助自己认识和了解周围世界的时候，他们会享有"我发现了！"的时刻，就像安娜和维吉尔一样。

六、试试看

1. 我需要知道什么

开展下面的活动，你们将会想要刷新自己这两方面的记忆，即对二维形状主要方面理解的记忆，以及幼儿是如何学会认识和创制这些形状的。我们选择聚焦于几何的原因是，与识数相比，它通常更少被学前课堂注意。二维形状的学习轨迹是一个很好的发展起点。(见 www.learningtrajectories.org,开始免费学习这方面内容和其他数学学习轨迹,查看大量幼儿与教师们思考和做数学的视频内容)另外,回顾主要形状的属性、形状的类型及其关系。如果你们自己理解了它们的话,你们将会更轻松愉快地与幼儿一起探索这些形状。什么是四边形?矩形和菱形的区别是什么?菱形与正方形的相似之处和相异之处是怎样的?

2. 活动案例:有线条的形状

这个小组活动运用艺术和精细动作技能将数学经验整合进二维形状组合与属性之中。幼儿喜欢做这样的活动,同时,这样的活动也能够非常轻松地区分出幼儿的不同二维图形理解发展水平。

学习目标
- 运用线条词汇来描述形状(水平线、垂直线、对角线)
- 根据其线条属性(数量、类别和角)来辨识形状
- 运用线条绘画技术创制不同的形状

需要的材料
- 铺在桌子上的报纸或桌布
- 幼儿人手一张空白纸,或空白的长条纸,或集体创制一幅图片的报纸
- 3英寸×3英寸和1英寸×4英寸的瓦楞纸(如图6.6)

图6.6 剪裁出的纸卡

- 绘画颜料
- 纸盘
- 可选择的——为拓展活动准备的——绘制曲线的材料,诸如弯曲的瓦楞纸条(例如,来自胶带纸或纸巾卷轴、瓶盖、胶带卷轴、铅笔夹、大号瓶盖等)

会用到的词汇(英语和西班牙语)

- 图形——shape——*forma*
- 正方形——square——*cuadrado*
- 长方形——rectangle——*rectángulo*
- 线条——lines——*líneas*
- 垂直线——vertical line——*línea vertical*
- 水平线——horizontal line——*línea horizontal*
- 相交线——crossing lines——*líneas cruzadas*
- 对角线——diagonal lines——*línea diagonal*
- 长线——long lines——*líneas largas*
- 短线——short lines——*líneas cortas*
- 虚线——broken lines——*líneas rotas*

准备工作

1. 将报纸铺在桌子上。
2. 为每位幼儿(或每两位幼儿)准备一个盛有颜料的纸盘。
3. 用瓦楞纸为每位幼儿剪出正方形和长方形(如图6.6)。
4. 准备不同形状的视觉资料,并在旁边印上其名称。
5. 搜集不同形状的属性小卡片。

活动过程

经验1:拓印线

(1) 告诉幼儿,他们将使用一种叫作拓印的技术。他们将用这些正方形和长方形卡纸工具和颜料来拓印出不同的线条。

(2) 把预先剪裁好的瓦楞纸卡工具发给每位幼儿。他们注意到了什么?他们以前见过这些纸卡吗?它是用来做什么的?

图6.7 线条拓印

（3）让幼儿举起拓印线条的工具。要求他们透过瓦楞纸的缝隙看过去。帮助幼儿找到带波浪纹的边——这就是你们用来拓印的边。

（4）演示线条拓印技术。

a. 用你们能够看透过去的那条边拓印（如图6.7）。

b. 当纸卡没有被使用时，将其靠在纸盘上。

c. 只把用来拓印的那一边浸在颜料里。

d. 当你们准备开始拓印的时候，从纸卡干净的那一边将其拿起。

e. 将浸染过的边用力压在纸上，然后将其提起。重复这样做。

f. 展示并给不同线条类型命名。

g. 让幼儿拓印不同的线条。四处巡视并与每一位幼儿交流他们正在创作的不同线条。他们能够用线条创作出什么呢？他们能够用这些工具拓印出一个圆吗？允许幼儿在报纸上先练习拓印，当幼儿准备好创作最终的印刷品时，再把彩色美术纸发给他们。

经验2：拓印长方形和其他形状

注：这个可以在很多天内完成。

（1）要求幼儿思考他们所知的形状。

（2）要求幼儿观察自己周围的环境——地上、墙上，以及互相观察，找出长方形和正方形。

（3）提供长方形和正方形的视觉资料或属性小卡片（数量需足够多，以保证每位幼儿都能观察或触摸）。

（4）告诉幼儿今天他们将要拓印一种叫正方形的特殊长方形。

（5）要求幼儿分享他们所观察到的正方形。它与长方形有什么相似和相异之处？

 不可不知

正方形实际上也是长方形——它是长方形的特殊形式。为什么呢？因为正方形满足了成为长方形的所有标准（四条直边和四个直角），而且它刚好有四条等长的边（另外一个所有其他长方形所不具备的属性）。

（6）问幼儿他们认为自己可以怎样创作出一个正方形。

（7）放一个正方形在你们面前，与幼儿一起审查这个正方形的属性。

　　a. 正方形是由四条直线组成的。

　　b. 所有的直线都等长。

　　c. 正方形有四个直角。

　　d. 正方形的边与角相连。

（8）你们也可以在拓印一个正方形的时候说明它的属性。

（9）告诉幼儿他们将用之前用过的线条拓印技术来创作正方形。他们记得自己做过什么吗？

（10）把纸卡浸到颜料里，在纸上印出直线。（当幼儿站立时，这个过程会更容易完成，因为这样更便于他们使劲拓印。他们也许需要被提醒用力压印）

（11）一旦幼儿完成拓印，移开，然后重复压印，直到印制完成一个正

方形。

(12) 当幼儿在压印直线的时候,要求他们思考正方形。

a. 正方形需要哪种类型的线条(参阅上文"会用到的词汇"部分中的线条类型列表)？水平线、垂直线、曲线、直线？

b. 拓印每个正方形时需要多少条线？

c. 你们是怎样把不同的线联系起来形成正方形的？

d. 随着他们自信心的建立,在没有支持的情况下也能成功地拓印出正方形时,要求他们思考怎样拓印不同大小的正方形。怎样拓印出一个大的正方形呢？怎样拓印出一个小的正方形呢？

3. 确认理解——演示给我看看

幼儿能够在大多数时候正确识别正方形吗？为了确认,提出诸如这样的问题:"你能指出哪一个是正方形吗？"或者"你能在我们的拓印线条纸上找出一个正方形吗？你是怎么知道那是一个正方形的？"

幼儿知道正方形的属性吗？为了确认,提出诸如这样的问题:"你是怎么知道自己做的是一个正方形的呢？"或者"正方形与三角形的区别是什么？"(对于已经有这方面经验准备的幼儿来说,你可以问他正方形与菱形或长方形的区别是什么)

 动态区分

当幼儿开始拓印线条的时候,教师可以根据每个幼儿的语言能力与他们进行个别对话。对于语言能力有限的幼儿而言,现在要集中在所做的事情这里。例如,教师们可以运用平行谈话陈述:"我发现你正在将卡纸浸入颜料中并将其压印在纸上。噢,哇哦！你印了一条对角线。"对于具有较高语言能力的幼儿,你可以提出更多开放性的问题,比如,"告诉我你用到了多少种线条来拓印形状？"或者"你是这么知道那是一个正方形的？"

七、实践聚焦

查林(Charlyn)通过与她班上的幼儿一起讨论形拓，以及是什么使一个正方形成为正方形，从而开启了一段与线条活动有关的形状探索历程。他们阅读戴勒·安·多兹(Dayle Ann Dodds)著的《事物的形状》(*The Shape of Things*)及其西班牙语翻译版《*La Forma de las Cosas*》。他们开展了一次寻找图形活动，即在教室里寻找正方形实例，讨论他们是怎样认定所找到的对象是正方形的。第二天，查林准备了一些大张的白纸，并在纸盘里放了可洗颜料，她把用卡纸板做的又长又薄的长方形和正方形剪裁形状带到教室里。(注意，其他材料也可以被用来剪裁形状，只要它们足够坚硬来保持自己的形状不变，同时它们又拥有长而薄的边缘可供幼儿拿着拓印。)她发给每位幼儿一份剪裁形状，要求他们说说从中观察到了什么。

然后，查林示范如何只把卡纸形状的边浸到颜料中再拓印出线条(如图6.8)。她让幼儿探索线条拓印，这是凯西·威丝曼·托帕尔(Cathy Weisman Topal)在她的书《与一根线条一起思考》(*Thinking with a Line*)中带动流行起来的。幼儿可以学习诸如水平的、垂直的和对角线的之类的词汇，同时事实上，他们可以只是随便玩玩。查林给予幼儿一个完整的小组活动时间来玩和讨论他们正在做的事情。她放了一些塑料正方形在桌上作为参考。她把一只手放在一位幼儿的手上，帮助这个幼儿操作卡纸来拓印线条。起初，一些幼儿选择用卡纸的边缘在纸上胡乱涂抹，从而在纸上涂成一行颜料条，而非拓印线条。然而，在他们观察同组其他幼儿拓印线条后，他们也跟着这样做起来。

一旦她觉得幼儿掌握了这个过程的关键，隔天就会带来新材料，给幼儿一个挑战，她说："记得我们是怎样讨论正方形的吗？它们是怎样成为特殊的长方形的呢？它们的特殊性是什么？当然，我想看看你们能否用昨天用过的卡纸和颜料来创制出自己的正方形。告诉我，一个形状需要具备什么特征才能成为一个正方形呢？"幼儿继续创制自己的形状。一些幼儿准备立马着手

图 6.8 有线条的形状活动

拓印正方形并讨论它们的属性,另外一些幼儿则依然在练习掌握拓印技术,或不能很好地使角交接。查林对幼儿的发现的开放,以及她愿意放弃对必须有某个结果的控制,让幼儿进行反复试验。(前面章节曾讲过,"失败"是发起一场对话、思考知识、制订计划采取不同办法取得预期结果的伟大方式)幼儿能够互相支持,确保线条边缘接触或者正方形不倾斜(否则这样的角都不是直角——更像是一个菱形而非正方形)。

在活动期间,幼儿很自然地从拓印一个正方形,并互相校正彼此的正方形,探索图形组合方式。一个幼儿说:"看,我印了一个窗户!"教师利用这一点推动这个幼儿进一步解释他的想法:"你是怎么知道这是一个窗户的?是什么使它成为一个窗户?你现在看到有多少个正方形呢?"通过这种简单但又高度参与的活动,幼儿都在或独自或集体地创作着、讨论着和学习着。查林创造性地运用材料并保持幼儿的兴趣。她首先让幼儿在报纸上练习拓印技术,然后提供一大卷白纸,以供幼儿在上面集体创作,接着她发给每位幼儿一张纸,这样每位幼儿就可以进行单独创作。自始至终,查林引导幼儿建构自己的知识系统,支持他们在面对挑战性任务时要锲而不舍,必要时要勇于再次尝试。

八、延伸探索

有线条的其他形状。要求儿童带来拥有不同形状开口的可回收物品。尝试用不同形状的容器拓印线条。尽管直接使用圆形物品进行拓印可以得到一个圆形,如纸巾卷轴,但这不是在建构形状,幼儿无法从看见和讨论自己拓印的图形过程中获益——特别是对于年龄更小的幼儿或者在学习轨道上还没走多远的幼儿。鼓励幼儿通过互相挑战来拓印出新的形状或者用更小的形状组合成新的形状。

有线条的字母。邀请幼儿在写作中心用直线和曲线来练习制作字母形状。首先审查拓印这些直线字母(A、E、F、H、I、K、L、M、N、T、V、W、X、Y、Z),站起来,要求幼儿从一个直线字母开始(如 A),当他们掌握了前一个字母后,再逐步发展到其他直线字母。幼儿会把卡纸浸入颜料里,然后在报纸上拓印出线条,就像在有线条的形状活动里所做的那样。提醒幼儿思考自己在线条拓印活动中用来拓印直线字母时所用到的不同线条。一旦幼儿掌握了拓印直线字母形状的技术以后,就可以再转到拓印曲线字母形状(B、C、D、G、J、O、P、Q、R、S、U)并重复上述相同的过程。

九、带回家……再带回来

以下内容是为参考思考、讨论和探索形状的家庭提供的建议:

- 要求家长们在家里开展一个形状寻找活动来寻找正方形。鼓励家长们要求幼儿告诉他们是怎样知道一个正方形是正方形的。即使是不太符合正方形要求的形状也可以被作为开展讨论的重要资源。窗户是怎样"像"个正方形的呢？它有什么不一样？顶部的一条边是弯曲的，所以它不是一个正方形。正方形的四条边必须是**直线**，且在四个角相交，有四个直角，四条边的长度相等。如果有可能，为自己孩子及其所找到的正方形拍张照，并将照片带到学校来与班上的幼儿一起分享。

- 家长们可以用可回收材料裁剪出形状，制作出一个形状图片。家长们可以裁剪出很多材质的形状。比如普通的白纸、报纸或麦片盒。家长们可以先帮助幼儿自己画，一定要询问幼儿他们是怎么知道形状画对了的。幼儿甚至可以用橡皮泥捏出形状来。（见 PBS 儿童实验室推出的虚拟幼儿园视频，在下文"更多重要的 STEM 资料"部分已列出）

- 找出是否有家长的业余爱好或工作适宜于幼儿数学的。例如，一位建筑师可以带来设计蓝图，与幼儿一起讨论所用到的形状和测量。也可以是烹饪及其测量工具，能够讨论自己艺术中的形状的艺术家，或者能够带来特殊工具并讨论其形状的机械师（以及关于他们是怎样运用特定技术来工作的）。（参阅"网络资源"部分所提供的链接，查阅一些很棒的能够为家庭带来更多数学的免费资源）

附：更多重要的 STEM 资料

1. 与儿童分享的书籍

- 罗伊斯·艾勒特 《颜色动物园》
Color Zoo by Lois Ehlert

- 艾伦·斯图·沃什 《老鼠形状》
Mouse Shapes by Ellen Stoll Walsh

- 凯瑟琳·福尔维尔 《形状空间》
Shape Space by Cathryn Falwell

- 菲利普·叶娜万 《形状》
Shapes by Philip Yenawine

- 泰纳·赫本 《形状、形状、形状》

Shapes，Shapes，Shapes by Tana Hoban
- 泰纳·赫本 《好多的圆,好多的正方形》

So Many Circles，So Many Squares by Tana Hoban

2. 推荐给成人的书籍
- 埃里克森早期数学合作研究所 《幼儿数学的伟大想法:幼儿教师需要知道什么》

Big Ideas of Early Mathematics：What Teachers of Young Children Need to Know by Erikson Institute，Early Math Collaborative
- 道格拉斯·克莱曼斯和朱莉·沙瑞曼 《幼儿数学的学习与教学:学习轨迹法》

Learning and Teaching Early Math：The Learning Trajectories Approach by Douglas H. Clements and Julie Sarama
- 凯西·威士曼·托帕尔 《用线条思考》

Thinking with a Line by Cathy Weisman Topal

3. 网络资源
- 睡前数学:bedtimemath.org
- 加利福尼亚标准,同样有西班牙语版:www.cde.ca.gov/sp/cd/re/psfoundations.asp
- 道格·克莱曼斯和朱莉·沙瑞曼:www.learningtrajectories.org
- DREME 网络:dreme,Stanford.edu
- EDC:youngmathematicians.edu.org
- 家庭数学资源:becomingamathfamily.uchicago.edu
- NCTM 标准: www. nctm. org/Standards-and-Positions/Principles-and-Standards/

- NCTM/NAEYC 立场声明：www.naeyc.org/sites/default/files/globally-shared/downloads/PDFs/resources/position-statements/psmath.pdf
- 下一代幼儿园数学：www.sri.com/work/projects/next-generation-preschool-math。资源下载地址：first8studios.org/
- 佩格和小猫：pbskids.org/peg
- 用线条思考：www.smith.edu/twal/
- 虚拟幼儿园视频——"形状：在家里"：www.youtube.com/watch? v=nMYU-bqugxs

思 考

1. 在决定幼儿园需包括哪些数学内容时，有哪些重要因素要考虑？

2. 教师和幼儿语言在早期数学学习中的重要方法有哪些？

3. 看一看表6.1中可在幼儿园中探索的数学内容示例。选择其中三个，点击 www.learningtrajectories.org 网址，查阅相关的学习轨迹（比如，我想要做一个数字直觉活动，包括针对3—4岁幼儿的2—4个点数，因为他们都处于这项技能的学习轨迹的早期阶段）。

4. 从二维形状以外的另外一个数学领域，找一个学前数学在线视频活动（例如，埃里克森早期数学合作研究所：www.earlymath.erikson.edu）。参考表6.2，简要描述每一个过程和娴熟程度是如何显而易见或者不容易被发现的。

5. 线条拓印活动和上文所述"试试看"中的活动是怎样促进几何概念和过程技能发展的？

附录：促进幼儿园不同区域之间 STEM 学习的案例材料

科学	技术	工程	数学
艺术区			
• 自然材料（植物、树叶、岩石、贝壳） • 观察混合和变化的不同颜料 • 绘画或用颜料描绘的不同类型的表面（彩色美术纸、蜡纸、箔纸，用来探索吸收的纸巾） • 创造艺术交流的动物形象（就像鸟儿装饰鸟巢、鸣唱或跳舞）	• 订书机 • 液体胶和固体胶 • 不同的胶带（面具、导管、大提琴） • 剪刀 • 锤子和钉子 • 打孔机 • 纸夹 • 喷水壶 • 轻质桌子 • 手电筒 • 彩色玻璃纸	• 用各种各样的材料（黏土、硬纸壳和管子、吸管、管道清洁器、纱线、绳子、金属线、铝箔、废木料、线轴）和工具（来自技术栏中）建构建筑物和雕塑品	• 说明几何和艺术之间关系的书籍和海报 • 剪截自各种材料的形状 • 依据不同属性分类艺术材料（铅笔、马克笔、颜料，以及纸） • 排序和排列（在艺术和制作中找出它们）
生活区			
• 各种原料制成的空盒子，便于讨论混合物/烹饪 • 装满不同液体和混合物的密封瓶	• 榨汁机 • 开罐器 • 打蛋机 • 带拉链、尼龙搭扣、带子和扣子的各种衣物 • 旧手机 • 计算器 • 钟表：有长短针的、电子的、定时器、秒表、沙漏 • 测量液体和固体的杯子和勺子	• 为宠物或布娃娃搭建床用的不同的布料和扣件 • 制作或修理生活家具的用品	• 把衣服、家什或食物按不同的类别分类 • 在假想商店游戏中用来探索计数的收银机 • 在假想餐厅中为点餐记账用的记事本和铅笔

续表

科学	技术	工程	数学
科学区			
• 科学日志 • 天然彩色铅笔 • 养有生物的玻璃容器/水族箱 • 可以在你们所处自然环境里找到的物品，如种子、豆荚、树皮、鸟巢、黄蜂巢、羽毛、骨骼、乌龟壳、马蹄蟹壳、小树枝、叶子、贝壳 • 沙子、泥土和卵石 • 可用来观察腐烂的水果和面包 • 光源、白板，以及用来研究影子的一系列物品	• 数码相机/平板电脑（用来记录观察和数据） • 称重器 • 放大镜、双筒望远镜、带放大镜的标本罐、显微镜 • 卷尺、直尺、纱线 • 记录用的纸和彩色铅笔（或者科学日志）	• 为一种动物或昆虫搭建一个庇护所 • 为植物创建一个浇灌系统 • 设计一片尿布或一件衣服	• 纱线、回形针、英寸立方体、尺子或用来测量的卷尺 • 可依据不同属性来分类的自然物品（大小、形状、质地、气味、生物和非生物） • 可用来探索自然界序列和模式的自然物 • 比较重量的天平 • 使用不同的单位测量程度 • 使用不同的量杯和勺子测量体积 • 绘图数据
水/沙桌			
• 使用技术一栏中所列的材料探索水和沙的运动 • 探索浮力（密度立方体，木质的、金属的和塑料的勺子，塑料的和木质的衣架，塑料的和金属的螺丝，海绵）	• 透明的塑料软管 • 透明的瓶子 • 纸杯和塑料杯 • 量杯和勺子 • 水泵 • 漏斗 • 筛子 • 塑料容器（不同形状和大小） • 吸液管、火鸡滴油管、滴管 • PVC管 • 水桶 • 布（抹布、毛巾）	• 使用技术一栏中所列的材料和教室里其他可用的材料： △ 寻找将玩水桌台注满水或清空水的办法 △ 在没有喷壶的情况下，寻找给植物浇水的办法	• 使用技术一栏中所列的容器和工具测量体积 • 用天平比较沙子和水的重量

续表

科学	技术	工程	数学
写作区			
• 在科学日志上画和写	• 旧打字机 • 电脑 • 打印机 • 钢笔、蜡笔、马克笔和铅笔 • 计算器	• 用隐形墨水（醋）写秘密信息 • 寻找书写或交流的替代方式（编码）	• 数字的不同表示（例如，积分、数目、手指头、点、10帧） • 带有数字和点的数字线
积木区			
• 测试不同表面和不同材料坡度上的运动：大理石、不同大小和材料（橡胶、木质、塑料）的球、小汽车、积木 • 测试的表面：塑料、砂纸、毛毡、橡胶、布	• 一组积木 • 皮带轮 • 绳子 • 坡道 • 凹模 • 纵向切成两半的绝缘管 • 磁铁块	• 搭建撞击某个目标的通道 • 搭建障碍赛跑跑道 • 建造一部电梯	• 单位积木、英寸立方体、尺子、卷尺用来组合和分解形状的单位积木或图案拼块 • 各种三维形状，如三角棱镜及其符号
户外			
• 观察和打理一个蔬果园 • 长期观察植物、动物和昆虫 • 观察沙子、岩石和土壤 • 灌溉和探索问题（与土壤、沙子，及其他物质混合）用的水资源	• 幻灯片 • 软管 • 跷跷板 • 货车车厢 • 皮带轮 • 双筒望远镜，放大镜 • 长袍 • 轮子 • 桶 • 独轮手推车 • 罐、锅、桶和器皿 • 铲子、叉子、铁锹、镐 • 卷尺 • 耙子	• 搭建一个浇灌系统 • 建一个种植植物的温床 • 修建庇护所、洞穴、帐篷	• 用卷尺或绳子测量 • 把从户外找来的自然物品分类 • 探测自然界中的形状 • 收集观测到的变化数据并绘制图形结果（生长的植物、种子或叶子的数量）

续表

科学	技术	工程	数学
烹饪和饮食			
● 通过加热（烘烤、烹饪）和冷却（冷冻水）来观察物质的变化和转化 ● 通过混合固体和液体（糖和水）探索溶解 ● 探索不同固体（面粉、盐）和液体（油、水、牛奶）的混合物 ● 观察、比较固体和液体的不同特性	● 电炉 ● 微波炉 ● 碗 ● 搅拌勺 ● 刀 ● 餐具 ● 烤盘 ● 冰箱/冰柜	● 在没有碗或勺子的情况下，探索解决混合调料的办法 ● 寻找灌满瓶子的办法	● 条形饼干建构2D形状 ● 杯子、碗、餐巾，和餐具的一一对应——每位儿童一套 ● 配料测量（体积和重量） ● 计算食谱中配料的数量 ● 对我们所做的事情进行排序：第一、第二，以此类推 ● 估算数量

参考文献

Bagiati, A., & Evangelou, D. (2016). Practicing engineering while building with blocks: Identifying engineering thinking. European Early Childhood Education Research Journal, 24(1), 67-85.

Bransford, J. D., Brown, A. L., & Cocking, R.R. (Eds). (1999) How People Learn: Brain, mind, experience, and school. Washington, DC: National Academy Press.

Brown, A. L. (1990). Domain-specific principles affect learning and transfer in children. Cognitive Science, 14(1), 107-133.

Bruner, J. S. (1960). The process of education. Cambridge, MA: Harvard University Press.

Bustamante, A. S., White, L.J., & Greenfield, D. B. (2018). Approaches to learning and science education in Head Start: Examining bidirectionality. Early Childhood Research Quarterly, 44, 34-42.

California Department of Education. (2011). California preschool curriculum framework. Sacramento, CA: Author.

Caspe, M., Woods, T., & Lorenzo Kennedy, J. (Eds.). (2018). Promising practices for engaging families in STEM learning. Charlotte, NC: Information Age Publishing.

Clements, D.H., & Sarama, J. (2014). Learning and teaching early math: The learning trajectories approach. New Youk, NY: Routledge.

Clements, D. H., Sarama, J., & Germeroth, C. (2016). Learning executive function and early mathematics: Directions of causal relations. Early Childhood Research Quarterly, 36, 79-90.

Clements, D. H., Sarama, J., Spitler, M.E., Lange, A.A., & Wolfe, C.B. (2011). Mathematics learned by young children in an intervention based on learning trajectories: A large-scale cluster randomized trial. Journal for Research in

Mathematics Education, 42(2), 127 – 166.

Duncan, G. J., Dowsett, C. J., Claessens, A., Magnuson, K., Huston, A. C., Klebanov, P., ... Japel, C. (2007). School readiness and later achievement. Developmental Psychology, 43, 1428 – 1466. Doi: 10.1037/0012 – 1649.43.6.1428.

Dweck, C.S. (2006). Mindset: The new psychology of success. New York, NY: Random House.

Early Childhood STEM Working Group. (2017). Early STEM matters: Providing high-quality STEM experiences for all young learners. Chicago, IL: University of Chicago & Erikson Institute.

Early Math Collaborative. (2013). Big ideas of early mathematics: What teachers of young children need to know. Boston, MA: Pearson.

Geiken, R. (2010). Cylinders and spheres: Toddlers engage in problem solving (Unpublished doctoral dissertation). University of Northern Iowa, Cedar Falls, IA.

Gelman, R., Brenneman, K., Macdonald, G., & Román, M. (2010). Preschool pathways to science (PrePS): Facilitating scientific ways of thinking, talking, doing, and understanding. Baltimore, MD: Brookes Publishing.

German, T. P., & Defeyter, M. A. (2000). Immunity to functional fixedness in young children. Psychonomic Bulletin & Review, 7(4), 707 – 712.

Greenfield, D. B., Jirout, J., Dominguez, X., Greenberg, A., Maier, M., & Fuccillo, J. (2009). Science in the preschool classroom: A programmatic research agenda to improve science readiness. Early Education and Development, 20(2), 238 – 264.

Grissmer, D., Grimm, K.J., Aiyer, S.M., Murrah, W.M., & Steele, J.S. (2010). Fine motor skills and early comprehension of the world: Two new school readiness indicators. Developmental Psychology, 46(5), 1008 – 1017.

Hill, D., Ameenuddin, N., Chassiakos, Y.L.R., Cross, C., Hutchinson, J., Levine, A., ... Swanson, W.S. (2016). Media and young minds. Pediatrics, 138(5). Retrieved from pediatrics.aappublications. org/content/138/5/e20162591.

Lange, A., Iodien, I., & Lowe, A. (in press). The worms are dancing! An integrated learning experience with preschoolers. Science and Children.

McClure, E. R., Guernsey, L., Clements, D. H., Bales, S. N., Nichols, J., Kendall-Taylor, N., & Levine, M.H. (2017). STEM starts early: Grounding science, technology, engineering, and math education in early childhood. New York, NY: The Joan Ganz Cooney Center at Sesame Workshop.

Miller, D.I., Nolla, K.M., Eagly, A.H., & Uttal, D.H. (2018). The development of children's gender-science stereotypes: A meta-analysis of 5 decades of US draw-ascientist studies. Child Development. Doi 10. 1111/ cdev.13039.

Morgan, P. L., Farkas, G., Hillemeier, M. M., & Maczuga, S. (2016). Science achievement gaps begin very early, persist, and are largely explained by modifiable factors. Educational Researcher, 45(1),18–35.

NGSS Lead States. (2013). Next Generation Science Standards: For states, by states. Washington, DC: The National Academies Press.

National Academies of Sciences, Engineering, and Medicine. (2017). Promoting the educational success of children and youth learning English: Promising futures. Washington, DC: The National Academies Press. Doi: 10.17226/24677.

National Association for the Education of Young Children (NAEYC) & National Council of Teachers of Mathematics (NCTM). (2010). Early childhood mathematics: Promoting good beginnings (Joint position statement). Washington, DC: Authors.

National Association for the Education of Young Children (NAEYC) & Fred Rogers Center for Early Learning and Children's Media. (2012). Technology and interactive media as tools in early childhood programs serving children from birth through age 8. Washington, DC: Authors. Retrieved from www. naeyc. org/sites/default/files/globally-shared/downloads/PDFs/resources/topics/PS_technology_WEB.pdf.

National Council of Teachers of Mathematics(NCTM). (2000). Principles and standards for school mathematics [Executive Summary]. Reston, VA: Author.

National Research Council. (2000). How people learn: brain, mind, experience, and school: expanded edition. Washingtom, DC: National Academiey Press.

National Research Council. (2001). Adding it up: Helping children learn mathematics. Washington, DC: National Academies Press.

National Research Council. (2009). Mathematics learning in early childhood: Paths toward excellence and equity. Washington, DC: National Academies Press.

National Science Research Council. (1996). National science education standards. Washington, DC : National Academy Press.

National Science Teachers Association (NSTA). (2014). NSTA position statement: Early childhood science education. Arlington, VA: Authors. Retrieved from static.nsta. org/pdfs/PositionStatement_EarlyChildhood.pdf.

Nayfeld, I., Brenneman, K., & Gelamn, R. (2011). Science in the classroom: Finding a balance between autonomous exploration and teacher-led instruction in preschool settings. Early education & Development, 22(6),970–988.

Nayfeld, I., Fuccillo, J., & Greenfield, D.B. (2013). Executive functions in early learning: Extending the relationship between executive functions and school readiness to science. Learning and individual Differences, 26,81-88.

New Jersey State Department of Education. (2014). Preschool teaching and learning standards. Retrieved from www.nj.gov/education/ece/guide/standards.pdf.

Roth, Z., & Massey, C. (1999). Science for developing minds: Science matters. Philadelphia, PA: PENNlincs.

Sarama, J., Lange, A.A., Clements, D.H., & Wolfe, C. (2012). The impacts of an early mathematics curriculum on oral language and literacy. Early Childhood Research Quarterly, 27(3),489-502.

Schley, C. (2018, July 13). 9 toys that keep kids learning. New York Times. Retrieved from www.nytimes.com/2018/07/03/well/9-toys-that-keep-kids-learning.html.

Strong-Wilson, T., & Ellis, J. (2007). Children and place: Reggio Emilia's environment as third teacher. Theory into Practice, 46(1),40-47.

Tabors, P.O. (2008). One child, two languages: A guide for early childhood educators of children learning English as a second language. Baltimore, MD: Brookes Publishing Company.

Watts, T.W., Duncan, G.J., Siegler, R.S., & Davis-kean, P.E. (2014). What's past is prologue: Relations between early mathematics knowledge and high school achievement. Educational Researcher, 43(7),352-360.

White, L.J., & Greenfield, D.B. (2017). Executive functioning in Spanish- and English- speaking Head Start preschoolers. Developmental Science, 20(1).

Worth, K., & Grollman, S. (2003). Worms, shadows and whirlpools: Science in the early childhood classroom. Portsmouth, NH: Heinemann.

作者简介

阿丽莎·兰格(Alissa A. Lange),博士,美国东田纳西州立大学幼儿教育专业副教授。在入职该校之前,阿丽莎是美国哥伦比亚波哥塔夫富布莱特学者,美国纽约州立大学布法罗分校教育科学研究所博士后,罗格斯大学国家早期教育研究所(National Institute for Early Education Research, NIEER)助理研究员。她毕业于贝尔法斯特女王大学,获得心理学博士学位,在读期间,她找到了一群志同道合热衷于足球运动(football)的人。阿丽莎领导或合作领导了很多早期STEM教育和学习活动,包括美国国家科学基金会资助的学前STEM职业发展项目SciMath-DLL(与金伯莉·布伦尼曼一起)。她已将其研究成果向美国及国际读者公布,包括在《早期儿童研究季刊》(Early Childhood Research Quaterly)、美国幼儿教育协会的《幼儿教学》(Teaching Young Children),以及2015年的国会议员们。她与丈夫及其三个孩子(分别是2岁、5岁、6岁)一起,住在田纳西州琼斯伯勒。她的幼小的"科学家"们经常提醒她,要坚持不懈地自我追求成为一名更好的家长、教育者和学习者。

金伯莉·布伦尼曼(Kimberly Brenneman),博士,是海信-西蒙斯基金会的项目官员,她具体负责早期数学的项目资助。在进入基金会之前,金伯莉是罗格斯大学国家早期教育研究所和罗格斯认知科学中心的研究人员,她在这里主持的项目主要是关于在学校和家庭背景下促进幼儿STEM学习的课程和教学实务。金伯莉为开发支持学前STEM学习者的教学媒体资源做出了一些贡献,包括《科学小子席得》(Sid the Science Kid)和《好奇乔治》(Curious George),同时,她还是公共广播公司和PBS儿童准备学习计划的顾问。她是《4域联结学习学前课程》(Connect 4 Learning)一书的合著者，该书是在美国全国通用的一本关于学前课程的书，也是《学前教育的科学之路》一书的合著者。金伯莉在美国加州大学洛杉矶分校获得博士学位。她和她的丈夫居住在新泽西州，育有两个男孩。现在，这两个孩子依然每天持续给她带来灵感和惊奇。

哈吉特·马诺(Hagit Mano)，是一位在各种教育背景下与幼儿一起共事超过25年的、拥有丰富教学经验的早期STEM专家。在这25年中，其工作地包括日间治疗学校、开端计划学校、课后补习学校、博物馆和私立幼儿园等。她一直在致力于将自己对教学的热情倾注到科学、数学和工程之中，以激励教育者和幼儿热爱学习。多年来，哈吉特为学校、博物馆、补习学校及众多教师职业发展工作坊等，开发了基于需要的手把手幼儿STEM课程。近年来，她一直在东田纳西州立大学阿丽莎·兰格博士领衔下的发展与领导工作坊工作，培训学前教师和教学名师，并研发教育支持资源，包括线上资源，以增进幼儿STEM教育质量。哈吉特在以色列雷桥沃特的威茨曼科学研究所获得了生物化学硕士学位，并在耶路撒冷的希伯来大学完成了她硕士期间的幼儿研究。她后来与丈夫带着两个孩子一起搬到美国新泽西州的海兰德公园居住，直至现在。